本书获得 沈阳农业大学经济管理学院学术文库出版
本项目研究得到以下基金项目 资助
辽宁省社会科学规划基金项目：辽宁省养殖户兽用抗生素使用行为规范化提

生猪养殖户兽药使用行为研究
——基于辽宁省调查数据的经济学分析

The Study of the Behavior of Using Veterinary Drugs by Pig Farmers
——Economic Analysis Based on the Investigation Data from Liaoning Province

孙若愚 周 静◎著

经济管理出版社
ECONOMY & MANAGEMENT PUBLISHING HOUSE

图书在版编目（CIP）数据

生猪养殖户兽药使用行为研究：基于辽宁省调查数据的经济学分析/孙若愚，周静著.—北京：经济管理出版社，2020.1
ISBN 978-7-5096-7029-3

Ⅰ.①生… Ⅱ.①孙…②周… Ⅲ.①养猪业—兽用药—用药法—经济分析—辽宁 Ⅳ.①F326.373.1

中国版本图书馆 CIP 数据核字（2020）第 022091 号

组稿编辑：曹　靖
责任编辑：任爱清
责任印制：黄章平
责任校对：王纪慧

出版发行：经济管理出版社
　　　　　（北京市海淀区北蜂窝 8 号中雅大厦 A 座 11 层　100038）
网　　址：www.E-mp.com.cn
电　　话：(010) 51915602
印　　刷：北京玺诚印务有限公司
经　　销：新华书店
开　　本：720mm×1000mm/16
印　　张：12
字　　数：157 千字
版　　次：2020 年 3 月第 1 版　2020 年 3 月第 1 次印刷
书　　号：ISBN 978-7-5096-7029-3
定　　价：78.00 元

·版权所有　翻印必究·
凡购本社图书，如有印装错误，由本社读者服务部负责调换。
联系地址：北京阜外月坛北小街 2 号
电话：(010) 68022974　邮编：100836

前　言

尽管生猪产业在农业经济中占据主导地位，但是动物疾病一直是影响中国生猪产业发展的灾害性因素，并且每年都有发生。养殖户在依靠兽药来治疗和控制动物疾病时，负面使用兽药的行为成为影响猪肉产品质量安全的根源。因此，在生产阶段规范养殖户使用兽药行为显得尤为重要。

已有的研究成果为解释养殖户不规范使用兽药行为问题发挥了重要作用。综观这些学术成果可以发现：目前这些研究多集中于养殖户使用安全兽药的意愿研究，以及从养殖户个体特征、认知特征、动物疫情风险和动物保险等方面对养殖户使用兽药行为的影响因素进行讨论。本书为了更加全面、系统地对养殖户使用兽药行为进行研究，依照养殖户使用兽药行为发生的逻辑顺序，具体从养殖户使用兽药种类（是否使用违禁兽药）、养殖户使用兽药数量（是否过量使用兽药）和养殖户使用兽药操作规范性（安全使用兽药）三个层面对养殖户兽药使用行为进行研究。通过理论分析，证明政府规制、市场因素与养殖户使用兽药行为之间的内在逻辑关系，并明确将政府规制细化为政府的"监管"和"激励"，将市场因素划分为"市场收益保障"和"市场组织模式"，原因就在于不同的政府规制方式和市场形态对养殖户使用兽药行为有不同的影响机理，因此，有必要对此加以区分。本书以辽宁省生猪养殖户实地调查的数据为依据，运用统计学分析和计量经济学分析的方法，分别对养殖户使用违禁兽药行为、过量使用兽药行为和安全使用兽药行为展开研究，最后提出政策建议。全书主要研究内容及结论如下：

1. *政府规制、市场因素和养殖户使用兽药行为之间的关系分析*

首先，通过博弈论和成本—收益两个理论分析工具对政府规制、市场因素和养殖户使用兽药行为之间的内在逻辑关系进行阐述。探索在不同政府规制条件下，养殖户使用兽药行为差别的成因；其次，深入探讨在市场信息不对称和不同产业组织模式条件下，养殖户不规范使用兽药行为发生的选择机理。研究发现有三个方面：一是政府对出栏生猪进行检验检疫和监管生猪养殖过程，对于规范养殖户使用兽药行为具有促进作用；二是当市场信息不充分时，养殖户倾向降低生产成本，会具有加入不规范使用兽药人员行列中的可能性；三是养殖户使用兽药行为会受到"合同契约"的约束，养殖户从企业获得服务和帮助对于规范其使用兽药行为具有正向作用。

2. *政府规制、市场因素与生猪养殖户使用兽药情况*

通过对生猪行业政府规制和市场因素情况的描述，进一步明确了生猪养殖户所处的政府规制和市场因素环境情况。政府规制除了为养殖户提供政策、公共服务和信息方面的支持之外，还对出栏生猪进行检验检疫工作；市场收益中的生猪价格与养殖户生产行为两者之间密切相关，企业通过统一提供兽药、饲料等生产资料，以及统一销售、开拓市场等方式对养殖户抵御自然风险和市场风险发挥了重要作用。养殖户以促进动物生长为目的，有使用违禁兽药的行为，养殖户中有31.47%的人选择超过说明书标准用量使用兽药，选择比较随意使用兽药的养殖户占11.2%，养殖户使用兽药的规范性也会影响到出栏生猪产品的质量安全。通过养殖户使用兽药行为的逻辑顺序，依次对养殖户使用兽药种类（是否使用违禁兽药）、使用兽药数量（是否过量使用兽药）和使用兽药操作规范性（安全使用兽药）进行研究，以期更加全面、系统地掌握养殖户使用兽药行为。

3. 生猪养殖户使用违禁兽药行为研究

根据实地调查，运用 OLS 模型和 Logit 模型对养殖户使用违禁兽药行为进行实证分析。研究发现，养殖户风险偏好类型和外部信息失效对养殖户使用违禁兽药行为的确存在显著影响，风险爱好型养殖户具有追求更高市场收益的"动机"，养殖户兽药方面信息的主要渠道依然是从零售商处获取，新型媒体（互联网）等形式并没有充分发挥农业技术方面信息传播的功能。除此之外，政府对出栏前的生猪进行检验检疫、养殖户和企业合作以及市场价格因素均会影响到养殖户是否使用违禁兽药行为的发生。

4. 生猪养殖户过量使用兽药行为研究

根据实地调查，采用 C－D 生产函数模型和损害控制模型系统地对养殖户使用兽药的边际生产效率进行测算，并运用 OLS 模型和 Probit 模型分析养殖户过量使用兽药行为的影响因素。结果表明，养殖户过量使用兽药行为，不仅不会提高兽药边际生产率，反而会增加养殖户在生产资料上的成本投入，是一种"非理性均衡"行为。政府规制中的强制免疫、补贴和售前的检验检疫对养殖户使用量具有一定的约束作用；而养殖户过量使用兽药的根本原因是想通过加大兽药使用剂量来保障生猪出栏率且获得更高的市场销售价格，在现阶段我国养殖户和企业合作既不够紧密，也不能充分利用企业为自己提供的便利条件。因此，养殖户的使用兽药行为还具有随意性的特征。

5. 生猪养殖户安全使用兽药行为研究

根据实地调查，采用结构方程模型系统地分析了养殖户安全使用兽药行为的作用机理。结果表明：养殖户安全使用兽药行为主要受养殖户态度和主观规范的直接影响,受知觉行为控制的间接影响,管理者经常说的一句话是"态度决定行为",两者之间具有高度的一致性;养殖户在生产中表现出来的"从众心理",使养殖户对来自各个方面的社会群体行为更加敏感,具体表现在与其他养殖户在生产行为上保持一致。政府规制首先通过对养殖户主观规范进行影响进而间接影响安全使用兽药行为的效应是 0.1692,是政府规制对养殖户行为影响中间接效应最大的一条路径。新闻媒体等传播途径对养殖户的宣传和教育,对于养殖户规范生产行为发挥了很大的激励作用。市场因素主要是通过知觉行为控制进而影响养殖户兽药使用行为,养殖户通过"公司 + 养殖户"的形式,获得的兽药、饲料,对于其安全使用兽药行为最重要。因此,对于养殖户养殖生猪保障自身获取质量安全的生产资料是十分关键的。

总之,本书围绕上述五部分内容,借助养殖户生产行为的一般经济学理论,对政府规制、市场因素与养殖户使用兽药行为的内在关系,以及养殖户使用兽药行为的逻辑研究顺序展开全面、系统的研究。通过研究和探索,期望能在理论上有所创新,在政策选择上有新的突破。

目　录

第一章　导论 ·· 1

　第一节　研究背景和研究意义 ·· 1

　　一、研究背景 ·· 1

　　二、研究意义 ·· 4

　第二节　研究目标和研究内容 ·· 5

　　一、研究目标 ·· 5

　　二、研究内容 ·· 6

　第三节　研究方法、概念界定和数据来源 ······························· 8

　　一、研究方法 ·· 8

　　二、概念界定 ··· 10

　　三、数据来源 ··· 13

　第四节　逻辑路线与技术路线 ··· 14

　　一、逻辑路线 ··· 14

　　二、技术路线 ··· 16

三、论文的创新点 ·· 17

第二章 理论回顾和文献综述 ·· 19

第一节 理论回顾 ·· 19
一、农户经济行为理论 ·· 19
二、期望效用理论 ·· 22
三、计划行为理论 ·· 23

第二节 相关研究综述 ·· 25
一、政府规制与农户使用生产资料行为 ···························· 25
二、市场因素与农户使用生产资料行为 ···························· 29
三、风险偏好与农户使用生产资料行为 ···························· 31
四、信息有效性与农户使用生产资料行为 ·························· 33

第三节 本章小结 ·· 35

第三章 养殖户使用兽药行为理论分析 ································ 37

第一节 政府规制和养殖户使用兽药行为
——博弈分析的视角 ·· 37

第二节 市场因素和养殖户使用兽药行为 ···························· 41
一、市场收益和养殖户使用兽药行为
——成本收益的视角 ······································ 42
二、市场组织模式与养殖户使用兽药行为
——产业组织的视角 ······································ 44

第三节 本章小结 ·· 46

第四章 政府规制、市场因素与生猪养殖户使用兽药情况 …… 48

第一节 生猪行业政府规制 …… 48
一、政府支持体系 …… 49
二、监督控制体系 …… 51
三、公共服务体系 …… 52
四、市场信息体系 …… 53

第二节 生猪行业市场因素 …… 55
一、市场收益与生猪养殖户生产行为 …… 55
二、市场组织模式与生猪养殖户生产行为 …… 56

第三节 生猪养殖户使用兽药情况分析 …… 59
一、生猪养殖户使用违禁兽药情况 …… 59
二、生猪养殖户过量使用兽药情况 …… 61
三、生猪养殖户安全使用兽药情况 …… 61

第四节 本章小结 …… 62

第五章 生猪养殖户使用违禁兽药行为研究 …… 65

第一节 研究假设 …… 66
第二节 养殖户使用违禁兽药的理论分析 …… 68
一、基于期望效用理论的养殖户使用违禁兽药行为分析 …… 68
二、基于信息理论的养殖户使用违禁兽药行为分析 …… 70

第三节 数据来源 …… 72
一、样本选择说明 …… 72

二、调研方法 …………………………………………………… 72

第四节　变量设定 ……………………………………………………… 73

　　一、被解释变量：养殖户使用违禁兽药 ……………………… 73

　　二、核心解释变量 ……………………………………………… 74

　　三、控制变量 …………………………………………………… 77

第五节　模型设定与估计 ……………………………………………… 77

　　一、模型设定 …………………………………………………… 77

　　二、养殖户使用违禁兽药影响因素的估计 …………………… 78

　　三、变量解释 …………………………………………………… 80

第六节　对实证结果的进一步思考 …………………………………… 83

第七节　本章小结 ……………………………………………………… 84

第六章　生猪养殖户过量使用兽药行为研究 …………………………… 87

第一节　研究假设 ……………………………………………………… 88

第二节　养殖户过量使用兽药理论分析 ……………………………… 91

　　一、基于生产函数的养殖户过量使用兽药 …………………… 91

　　二、基于损害控制模型的养殖户过量使用兽药 ……………… 92

第三节　样本特征描述与变量设定 …………………………………… 95

　　一、样本特征描述 ……………………………………………… 95

　　二、变量设定 …………………………………………………… 95

第四节　模型设定与估计 ……………………………………………… 98

　　一、对兽药作用的检验 ………………………………………… 98

　　二、对养殖户兽药使用量选择影响因素的实证分析 ………… 100

第五节　本章小结 ……………………………………………………… 107

第七章 生猪养殖户安全使用兽药行为研究……………………… 109

第一节 养殖户安全使用兽药行为的含义 …………………… 109

第二节 养殖户安全使用兽药的现状 ………………………… 111
一、兽药质量安全问题 ……………………………………… 111
二、对兽药处方药了解情况 ………………………………… 113
三、用药记录制度 …………………………………………… 114
四、兽药休药期 ……………………………………………… 115

第三节 理论分析与研究假设 ………………………………… 116
一、理论分析 ………………………………………………… 116
二、研究假设 ………………………………………………… 120

第四节 研究设计与方法 ……………………………………… 122
一、量表设计 ………………………………………………… 122
二、计量模型与估计方法选择 ……………………………… 124

第五节 实证分析 ……………………………………………… 125
一、效度与信度检验 ………………………………………… 125
二、参数检验与拟合评价 …………………………………… 127
三、结构模型的路径分析 …………………………………… 128

第六节 本章小结 ……………………………………………… 133

第八章 研究结论、政策建议与研究展望 ……………………… 135

第一节 研究结论 ……………………………………………… 135
一、养殖户使用违禁兽药行为方面 ………………………… 135
二、养殖户过量使用兽药行为方面 ………………………… 137

第二节 政策建议 …………………………………………… 138
　一、应对养殖户使用违禁兽药行为的政策建议 ………… 139
　二、应对养殖户过量使用兽药行为的政策建议 ………… 143
　三、强化养殖户安全使用兽药行为的政策建议 ………… 146
第三节 研究不足与展望 …………………………………… 148
　一、研究不足 ……………………………………………… 148
　二、研究展望 ……………………………………………… 148

附录 生猪养殖户使用兽药行为调查问卷 …………………… 150

参考文献 …………………………………………………………… 160

第一章　导论

第一节　研究背景和研究意义

一、研究背景

中国生猪生产和消费大国的地位，来源于悠久的农耕文明史以及所形成的对猪肉偏好的饮食文化，在农业产业经济中生猪产业占有十分重要的位置。然而，对于中国畜牧业发展而言，动物疾病的发生是一场灾害性质的因素，常常会降临到养殖户头上。农业部兽医公报显示，猪瘟、猪高致病性蓝耳病等动物疾病对我国生猪业发展产生了严重威胁（吴秀敏，2007）。近些年，生猪所患疾病种类不断增多，疾病的复杂程度加剧，病体生猪表现出多重感染或混合感染的流行形式，较单一病原微生物所引起的疾病，多病原体感染的生猪更加难以治疗，常常会导致猪群的高死亡率，对生猪产业造成极大的危害，生猪疾病的控制难度越来越高（杨汉春，2004）。2015 年农业部所公布的疫情数据显示，截至 2015 年 4 月 2 日，全国范围内共发生高致病性禽流感 6 起，A 型口蹄疫疫情 2 起，发病生猪总数高达 556 头，死亡 314 头，为了及时防止疫情蔓延，政府对病猪以及同群病猪共计 612 头实施扑杀以及无害化处理①。

生猪疾病的发生，必然需要大量使用兽药，遗憾的是，"瘦肉精事件""抗生素滥用""兽药残留超标"等事件频发，百姓对消费猪肉产品的恐慌，在很大程度上来自于养殖户不规范使用兽药行为，所造成的肉品质量安全风险。农户在养殖过程中，过量使用兽药、非法使用违禁兽药、长时间低剂量用药和不遵守兽药休药期的规定、用药过程中不记录用药情况（黄杰河，2010；项林如，2008；邬小撑等，2013；朱宁、秦富，2015；张跃华等，2010）等不规范使用兽药行为都直接影响生猪产品的质量安全，进而威胁到消费者身心健康。Goetting 等（2011）的研究表明，在养殖蛋鸡的过程中，由于养殖户过量使用兽药，会造成部分兽药残留于鸡蛋中，当消费者食用以后，会对人体健康造成一定的影响。除此之外，养殖过程中所滥用的动物兽药或药品添加剂等会随着动物的排泄物流入自然界中，这种动物排泄物和动物产品加工废弃物会在自然界中持续蓄积，最终导致生态环境的严重污染。

生猪产品质量安全具有公共物品属性和信息不对称性，容易导致市场失灵，需要政府进行干预（孙法军，2004）。秦富等（2004）认为，应发挥政府在农产品质量安全管理中的主导作用，做到生产、加工、消费全产业链都要有政府管理，特别应该重视生产"源头"的管理。为了能够规范农户在生猪养殖过程中的生产行为，引导农户科学使用兽药、饲料等生产物资，农业部先后公布实施了《兽用处方药和非处方药管理办法》《执业兽医管理办法》《动物

---

① 中华人民共和国农业部，http：//www.moa.gov.cn/zwllm/yjgl/yqfb/index.htm。

用药品管理法》等法律法规，并逐步完善了政府规制的公共服务体系和政策支持体系。以辽宁省为例，2013年辽宁省在昌图、黑山等17个生猪养殖大县组织实施国家生猪良种补贴项目，补贴60.5万头能繁母猪，总数占到17个项目县能繁母猪存栏量的1/3，补贴资金共计2420万元，较2012年同比增长4.3%，项目覆盖4244个村（屯），受惠农户达20万户①；共计投入1500万元，对辽宁省法库、辽中、康平等44个县（市、区）的县级畜牧推广机构进行项目补助，全面提升辽宁省基层畜牧技术推广体系的服务能力；加大对养殖环节畜产品的抽检力度，并对2011年以来典型"瘦肉精"案例进行宣传，开展畜产品质量安全培训289场，累计参加培训人员达到12828人，严厉打击制售假劣兽药等违法行为的发生；开展动物标识及动物产品追溯体系建设工作，提升动物标识追溯工作的规范化和信息化水平。在生猪产业领域，一方面，政府规制农户生产行为的能力得到了一定程度上的提升，具体表现为依照相关法律、法规的规定，对养殖户生产进行监管；另一方面，表现为以政策激励农户采用有利于社会福利最大化的行为，如对农户进行技能培训和加强生猪产业的政策性补贴等。

现代市场经济要求将政府规制和市场调整结合起来，共同实现对社会化资源的有效配置（陈振明，2003）。养殖户使用兽药行为必然会受到市场收益的影响，即在不考虑其他因素的情况下，农户往往会对养殖成本和养殖收益进行比较，追求一种市场收益的"最大化"。Clevo等（2001）指出，养殖户为了获得稳定的市场收益，在动物出栏前会选择连续并大量使用抗生素类兽药的方法来降低畜禽的病死率，同时依靠兽药掩盖亚健康畜禽的临床表现。随着生猪产业链上游价格的不断攀升，生猪收购商依靠自身优势"压榨"出栏价格，

---

① 《中国畜牧业统计年鉴》（2014）。

农户不得不依靠兽药来稳定出栏，而无暇顾及生猪产品质量。那么，市场组织模式中的"公司+农户"形式，也许可以成为在保障养殖户追求市场收益的同时，规范生产资料使用行为的有效制度措施之一。公司通过和养殖户之间实现纵向一体化经营合作，在生猪产业源头上控制产品质量，同时借助纵向一体化减少市场价格风险，能够以行规或契约合同等形式对农户使用兽药行为形成一定的激励与约束作用。

已有的研究成果和实际调查表明，养殖户在动物疾病预防和治疗过程中确实存在着不规范的兽药使用行为，而政府规制和市场因素对养殖户兽药使用行为具有显著影响。但是，应该怎样对养殖户的不规范兽药使用行为展开全面、系统的研究？政府规制中的"监管"和"激励"措施是否都会对养殖户不规范兽药使用行为起到约束作用？"市场组织模式"是否能够发挥服务功能，在保障养殖户获得稳定"市场收益"的同时，通过制度因素激励养殖户规范兽药使用行为的发生？对于这些问题的回答，有利于从"政府""市场"和"农户"三个行为主体的角度来思考如何规范农户兽药使用行为。

本书依照养殖户使用兽药等生产资料的逻辑顺序，将兽药使用行为从养殖户使用兽药种类（是否使用违禁兽药）问题、使用兽药数量（是否过量使用兽药）问题、使用兽药操作规范性（是否安全使用兽药）问题三个层面展开系统研究，通过构建政府规制、市场因素和养殖户使用兽药行为的理论模型，探讨在政府、市场等外部条件的制约下养殖户不规范兽药使用行为发生的内在机理，在此基础上实证分析上述养殖户不规范兽药使用行为的影响因素和作用机制，最终通过提出对策建议合理引导农户科学使用兽药，保障生猪产品的质量安全。

二、研究意义

从理论上来看，本书将为农户经济行为理论、计划行为理论的相关研究提供来自生猪养殖户兽药使用行为方面的证据,也为新古典经济学中对农户是"理性"还是"不理性"的争论提供参考依据。本书借助期望效用理论说明不同风险偏好类型养殖户的风险行为决策差异,是因为他们对风险的成本—收益的衡量标准不同;将兽药生产要素引入生产函数模型,对兽药的边际生产率进行测算,揭示养殖户不规范兽药使用行为的原因以及作用效果,为相关研究提供理论参考。

从实践上来看,通过对生猪养殖户不规范兽药使用行为现状的描述,明确养殖户在动物疾病诊断和治疗过程中使用兽药时存在的主要问题。同时,从政府、市场和农户三个行为主体的角度思考如何规范养殖户兽药使用行为。目前,我国生猪养殖户的兽药使用行为具有一定的盲目性和随意性,学者们提出依靠政府规制和市场组织纵向一体化规范养殖户使用兽药等生产资料行为,本书的研究将为相关政策的选择和制定提供参考依据。

第二节 研究目标和研究内容

一、研究目标

本书尝试检验政府规制、市场因素和养殖户个体特征对农户兽药使用行为的影响,并依照养殖户使用兽药的逻辑顺序,将农户兽药使用行为具体划分为使用兽药种类(是否使用违禁兽药)、使用兽药数量(是否过量使用兽药)和使用兽药操作规范性(是否安全使用兽药)三个层面进行研究,验证其影响因素,尝试提出有针对性的政策建议。具体目标如下:

（1）构建养殖户使用违禁兽药的理论模型，揭示养殖户使用违禁兽药的影响因素。

（2）基于生产函数模型，构建含有兽药生产要素的损害控制模型，并实证测算兽药的边际生产率，验证养殖户过量使用兽药的影响因素。

（3）揭示养殖户安全使用兽药行为的现状，以农户计划行为理论为基础构建理论模型，并对养殖户安全使用兽药行为的作用机理进行验证。

二、研究内容

第一章为导论。主要介绍研究背景和意义、研究目标、研究内容和结构安排、研究方法、数据来源、逻辑路线与技术路线、研究创新与不足，同时对文章中所讨论的政府规制、市场因素和养殖户兽药使用行为等相关概念进行界定。

第二章为理论回顾和文献综述。主要对农户经济行为理论、期望效用理论和计划行为理论等相关理论进行回顾，并对相关研究文献进行综述。

第三章为养殖户使用兽药行为理论分析。对政府规制、市场因素（包括市场收益和市场组织模式）与生猪养殖户使用兽药行为的逻辑理论关系进行讨论和分析，即结合政府规制和市场因素的内容，分别构建养殖户使用兽药行为理论模型，并提出待检验的研究假说，以期能够认识和探索在政府规制和市场因素的外部环境条件下养殖户使用兽药行为的内在机理。

第四章为政府规制、市场因素与生猪养殖户使用兽药情况。主要介绍政府对生猪产业的政策支持、监督监管、公共服务和市场信息等规制活动，以及说明政府规制对农户生产行为产生的影响；市场收益和农户生产行为的关系，市场组织模式和农户生产行为的关系，以及组织模式的功能；依据养殖户使用兽药行为逻辑顺序，依次对养殖户使用违禁兽药行为、过量使用兽药行为、使用兽药操作规范性等情况进行描述性分析。

第五章为生猪养殖户使用违禁兽药行为研究。首先，运用期望效用理论和信息经济学理论对养殖户使用违禁兽药行为进行理论分析，并结合政府规制、市场因素与养殖户使用兽药行为的逻辑理论关系，得出农户风险偏好、信息有效性和政府规制等因素是影响养殖户使用违禁兽药行为的主要因素；其次，对养殖户使用违禁兽药等相关变量进行描述性统计分析，并通过实证对养殖户使用违禁兽药行为的影响因素进行检验；最后，结合养殖户在生猪养殖过程中所面对的成本—收益模型，对养殖户使用违禁兽药行为原因做进一步解释说明。

第六章为生猪养殖户过量使用兽药行为研究。首先，通过对生产函数模型和损害控制模型进行对比研究，发现损害控制模型能够更好地模拟养殖户过量使用兽药行为，并将其作为理论基础，推导出含有兽药投入要素的生产函数模型，并对养殖户最优兽药使用量求解。同时，得到养殖户过量使用兽药行为的影响因素。其次，一般统计分析得出主要影响因素。并通过已构建的模型测算兽药边际生产率。实证结果表明，养殖户过量使用兽药行为并没有实际意义，即过量使用兽药不会提高兽药的边际生产率。最后，分析政府规制和市场因素等变量对养殖户过量使用兽药行为的影响。

第七章为生猪养殖户安全使用兽药行为研究。首先，通过文献梳理对养殖户安全使用兽药行为的含义进行界定；其次，基于计划行为理论对养殖户安全使用兽药行为进行理论分析，一般性统计描述兽药质量安全问题、对兽药处方药了解情况、用药记录情况和兽药休药期执行等安全使用兽药行为现状；最后，以结构方程模型为分析工具对计划行为理论中的相关基本假设进行检验，从而可以得出养殖户安全使用兽药行为的作用机理。

第八章为研究结论、政策建议与研究展望。主要总结书中所得到的结论，并提出有针对性的政策建议。

第三节　研究方法、概念界定和数据来源

一、研究方法

本书在具体的分析过程中，广泛采用理论分析法、数量模型分析法、统计分析法、计量经济学模型分析法等方法。针对每一部分内容，本书的研究方法具体如下：

1. 研究养殖户使用违禁兽药行为的方法：理论分析法、统计分析法、计量经济模型分析法

首先，运用期望效用理论和信息经济学理论对养殖户使用违禁兽药行为进行理论分析，统计描述养殖户使用违禁兽药的基本现状；其次，运用OLS模型和Logit模型对养殖户使用违禁兽药行为进行影响因素分析；最后，对实证分析得出的结论做进一步解释说明。

2. 研究养殖户过量使用兽药行为的方法：理论分析法、数量模型分析法、统计分析法、计量经济学模型分析法

首先，通过对生产函数模型和损害控制模型进行对比研究，发现损害控制模型能够更好地模拟养殖户过量使用兽药行为，并将其作为理论基础，推导出含有兽药投入要素的生产函数模型，并对养殖户最优兽药使用量求解，同时，得到养殖户过量使用兽药行为的影响因素；其次，一般统计分析得出主要影响因素，并通过已构建的模型测算兽药边际生产率；最后，分析政府规制和市场因素等变量对养殖户过量使用兽药行为的影响。

3. 研究养殖户安全使用兽药行为的方法：理论分析法、统计分析法、结构方程模型分析法

运用计划行为理论对养殖户安全使用兽药行为构建理论分析框架，统计描述兽药质量安全问题、对兽药处方药了解情况、用药记录、兽药休药期执行等农户安全使用兽药行为现状，并通过结构方程模型来验证计划行为理论的基本假设，以探究政府规制和市场因素对养殖户安全使用兽药行为的作用机理。

其中，需要特别指出的是，在研究养殖户使用违禁兽药行为、过量使用兽药行为和安全使用兽药行为时采用了不同的模型形式，主要原因在于对养殖户使用违禁兽药行为影响因素进行分析时，所涉及的因变量是 $0\sim1$ 型变量，因此，采用 Logit 模型更为合适；对养殖户过量使用兽药行为进行分析时，养殖户过量使用兽药的生产效率研究分别以线性形式对 C-D 生产函数模型和以极大似然法对不能"线性化"的损害控制模型进行估计，随后又以 OLS 和 Probit 模型对影响养殖户过量使用兽药的因素进行研究；而对养殖户安全使用兽药行为进行分析时，由于考虑到借助多指标变量对养殖户安全使用兽药行为进行评价，因此，在借鉴前人研究成果的同时结合调查的实际情况，在计划行为理论构建理论模型的基础上以结构方程模型为研究工具，对养殖户安全使用兽药行为的作用机理进行研究。所以，虽然三个实证分析都是研究养殖户兽药使用行为的不同层面，但具体采用的模型和方法是有区别的，研究方法的选取完全依据研究内容而设定。

所用的统计和计量分析软件：

本书采用 Excel 软件、SPSS17.0 软件、EViews6.0 软件、Amos17.0 软件对原始数据进行基本的处理和统计描述，采用 EViews6.0 软件进行计量回归分析，采用 Amos17.0 软件进行结构方程模型分析。

二、概念界定

为了更加明确本书中所提到的主要概念的含义,在此对这几个概念进行界定:

1. 兽药

根据兽药的特性,根据我国《兽药管理条例》中对兽药的定义做了如下解释:兽药就是用于预防、治疗、诊断畜禽等动物疾病,有目的地调节生理机能并规定作用、用途、用法、用量的物质(含饲料药物添加剂)。根据研究中所处的客观条件的限制,养殖户对于饲料药物添加剂的种类和数量都不容易量化,因此,本书研究的养殖户使用兽药品种不包括饲料药物添加剂。

2. 违禁兽药

在2002年农业部公布的《食品动物禁用的兽药及其他化合物清单》[①] 中对违禁兽药种类进行了明确说明,清单中所明确提出的违禁兽药共包括两大类:一类是用作食品的动物饲养中禁止使用的兽药,另一类是其他违禁的兽药和非法的药物添加物等,并规定不允许在饲料和动物饮用水中添加,共计5大类40种,而实际情况下,违禁兽药还应包括与人用药品成分相同或相近的兽药品种,因为这些兽药如果使用不当会在动物体内造成兽药残留,消费者食用含有兽药残留的食物后,会在人体内形成耐药性。

3. 过量使用兽药

本书在研究养殖户使用兽药数量时,以兽药说明书上规定的兽药使用剂量或兽医在医嘱上所注释的兽药使用剂量作为参照标准,如果养殖户使用兽药剂量超过这一标准,即可认为养殖户存在过量使用兽药的行为,农户过量使用兽

---

① 广东省兽药信息网,http://www.gdivdc.com/news/industry/2016/0309/4999.html。

药的行为会引起兽药残留，多余的兽药不能通过动物机体代谢出去，一方面，增加养殖户生产成本；另一方面，危害消费者的身体健康。

4. 安全使用兽药行为

由于对养殖户使用违禁兽药行为和过量使用兽药行为的研究，在本书第五章和第六章进行具体的实证分析，因此，在此界定的安全使用兽药行为主要是从养殖户使用兽药操作规范性的角度进行定义，并不重复对养殖户使用兽药种类和数量进行研究。根据前人对农户质量安全控制行为方面的研究综述，本书认为，养殖户安全使用兽药行为是指农户在生猪养殖过程中，使用兽药操作规范性符合国家相关法律、法规的规定内容，即农户所用兽药质量安全、在使用兽药前了解兽药处方药、使用兽药后对用药情况做记录、了解兽药休药期等方面的内容。如果农户使用兽药行为都是规范的，那么就可以认为农户符合安全使用兽药行为的界定。

5. 政府规制

政府规制是指政府通过行使公共权利，在相关行为规则的框架下对组织和个人的行为做出限制和制约。是政府在微观经济学领域履行公共管理职能，具体包括对某一行业设立产品市场准入和退出条件、价格标准、产品质量等进行明确规定的经济规制；同时还要兼顾行业从业者和消费者的身体健康，以保护环境为目的而制定的社会行为准则。本书中所界定的政府规制主要侧重于有关规制养殖户使用兽药行为的微观操作层面，主要包括强制免疫、提供补贴政策、售前的检验检疫以及养殖过程中监管等方面的执行情况与规制效果。

6. 市场因素

根据本书的研究目的，将市场因素界定为由市场组织模式和市场收益两部分组成。其中，市场组织模式是指农户、中间商、企业和消费者等在产业链上通过联合的机制组成在一起，所形成具有特定产业形态和功能的经营方式。在本书中,市场组织模式特指养殖户和农牧企业的组合形式以及联结这两者之间的契约关系。市场收益是指养殖户通过自身的生产经营行为,收获农产品,并将其所获取的农产品在市场上出售或以契约的形式完成销售,来获得稳定的收入。

7. 风险偏好

风险偏好是指农户在面对各种不确定性(包括自然风险、市场收益风险)因素时,所表现出来的态度。按照不同农户对"风险"的态度差异,可以将农户划分为风险爱好农户、风险中立农户和风险厌恶农户。其中,风险爱好农户通常会主动追求风险,喜欢所获收益具有不稳定性,因为这会给其带来更大的效用;风险厌恶农户则被动接受低风险的收益,只偏好于收益的稳定性;而风险中立农户介于以上两者之间,既不回避可能的风险,也不会主动"冒险",其选择决策的唯一标准就是期望收益的大小,而不管预期风险状况如何。在本书中,养殖户的风险偏好类型是借助于"农户是否购买农业政策性保险"指标来度量的,这是因为购买保险是养殖户规避风险的重要表现,已经购买保险的养殖户更加厌恶风险,因此,通过选购保险行为将自己在生产过程中可能会面临的自然风险和市场风险,转嫁给保险公司。

8. 信息有效性

信息有效性是指养殖户在与其他行为主体进行"交流"和"接触"的过程中,从其他行为主体身上获取的信息或所接收的传播内容,对于该养殖户从事生产经营行为的规范性是有好处的,或能为该养殖户带来更好的收益,我们就认为,这样的信息是有效信息,而在本书的指标设置中,主要是从养殖户获取有效信息的渠道角度将对于农户有效的兽药信息划分为外部信息和自身经验两类。

三、数据来源

本书采用的数据包括资料数据和实地调查数据。

1. 资料数据

（1）中国农业年鉴编辑委员会主编，《中国农业年鉴》（2010~2014）；中国畜牧业年鉴编辑委员会主编，《中国畜牧业年鉴》（2010~2014）；描述性分析政府公共服务体系、政府支持政策和政府监督控制体系等情况。

（2）中国统计局主编，《中国统计年鉴》（2000~2014）；中国畜牧业信息网；通过记录2000~2014年待宰生猪价格和生猪年末存栏量，描述性分析市场收益和农户生产行为之间的内在关系。

（3）行业数据，文中采用"中国兽药信息网"（http：//www.ivdc.org.cn/）、"中国养猪网"（http：//www.zhuwang.cc/）等相关畜牧兽医行业网站数据，以及"新华网"（http：//news.xinhuanet.com/local/2015-07/27/c_1116049722.htm）、"中国饲料行业信息网"（http：//www.feedtrade.com.cn/news/china/2015-05-06/2022834.html）等相关新闻报道，描述政府规制、市场因素以及生猪养殖户使用兽药情况。

（4）政府职能部门公布的数据资料，文中采用"国家食品药品监督管理总局"（http：//www.sda.gov.cn/WS01/CL0001/）、"中华人民共和国农业部兽医局"（http：//www.syj.moa.gov.cn/）等政府职能部门公布的畜牧、兽医方面的数据，对职业兽医师从业情况、兽药质量安全抽检情况进行现状描述。

2. 实地调查数据

本书所使用的数据来自于2014年2~3月所组织的调研，调研成员由沈阳农业大学经济管理学院研究生和本科生组成。为了保证调研质量，当问卷设计出来之后，在课题组成员内部之间先进行集体讨论，并对存在的问题进行修改，最终统一问卷内容，开始调研。具体调研过程由调研员提出问题并做好相关记录，调查对象主要面向辽宁省生猪养殖户。调研共收入问卷260份，但由于某些样本数据存在缺失值，剔除后共获得有效问卷232份。从样本分布区域来看，锦州样本量为41份，占样本总量的17.67%，鞍山样本量为68份，占样本总量的29.31%，盘锦样本量为64份，占样本总量的27.59%，丹东样本量为59份，占样本总量的25.43%。

第四节 逻辑路线与技术路线

一、逻辑路线

农户不仅是生产资料的直接使用者，也是决定农产品质量安全的关键因素之一。前人的研究成果表明，很多养猪户在养殖过程中存在不规范使用兽药行为，具体表现为使用兽药不执行休药期的规定、超剂量超范围使用兽药、使用违禁兽药、违规使用兽药原粉、大剂量使用广谱抗生素类兽药、不对症使用兽药和不按疗程使用兽药等诸多问题（朱宁、秦富，2015；吴秀敏，2007；吴林海等，2015；黄杰河，2010；张慧等，2013；邓宗平、黄学康，2012；郑丽敏等，2014；王宏伟等，2015；项林如，2008）。本书通过对以往文献的梳理以及结合实地调研访谈的情况，为了对养殖户不规范使用兽药行为展开全面、系统的研究，按照养殖户使用兽药等生产资料的逻辑顺序，从"养殖户使用兽药种类（是否使用违禁兽药）""养殖户使用兽药数量（是否过量使用兽药）"和"养殖户使用兽药操作规范性（安全使用兽药行为）"三个角度逐层进行具体分析，全书的逻辑路线如图 1-1 所示：

```
使用兽药种类 → 使用兽药数量 → 使用兽药操作规范性
```

图 1-1　养殖户兽药使用行为逻辑路线

（1）养殖户在生产过程中为了预防和治疗动物疾病必然要使用兽药，而兽药同其他生产资料一样，养殖户在使用兽药之前先要对其"种类"等药品属性进行选择。根据 2002 年农业部公布的《食品动物禁用的兽药及其他化合物清单》中对违禁兽药种类的明确规定，本书实证第一部分将养殖户使用的兽药"种类"划分为违禁兽药和正规兽药，其中养殖户所使用的违禁兽药是用作食品的动物饲养中禁止使用的兽药，除此之外，还应包括与人用药品成分相同或相近的兽药品种，原因在于这些兽药如果使用不当将会在动物体内造成兽药残留，最终可能在消费者体内形成耐药性。而养殖户使用正规兽药相对于违禁兽药而言，可能对人体和动物食品质量造成危害的可能性会降低很多。通过实证分析养殖户使用违禁兽药的影响因素，对于更好地解释影响养殖户为什么要使用违禁兽药，规范养殖户使用兽药行为具有重要意义。

（2）在养殖户选购兽药"种类"之后，将会考虑兽药使用"数量"的问题。部分养殖户盲目地认为，在所购兽药说明书规定剂量的基础上，过量使用兽药可以提高疾病的治疗效果，从而避免拖延病程，使疾病治疗效果立竿见影。同时在政府对养殖户生产行为监管效率低下，以及生猪市场上缺乏有效的鉴别产品品质的条件下，为养殖户超量过量使用兽药行为提供可能性。本书实证第二部分对养殖户使用兽药"数量"方面的考察以所购兽药说明书规定的标准量作为参照剂量，共划分为："比说明书规定标准剂量少""按照说明书规定标准剂量""比说明书规定标准剂量多"和"比较随意"四类。本部分着重分析养殖户在生产过程中,过量超范围使用兽药行为是否具有现实意义?即养殖户的过量使用兽药行为是否会提高了兽药的边际生产率?以及是什么因素影响养殖户过量使用兽药行为的发生?规范养殖户使用兽药剂量,对于减少兽药残留,保障消费者身体健康具有现实意义。

(3)在实证第三部分对养殖户使用兽药行为"操作规范性"进行研究,由于在之前的研究内容中,已对养殖户使用兽药"种类"和使用兽药"数量"问题进行了分析。因此,本部分所研究的养殖户使用兽药"操作规范性"不重复对上述内容进行研究。由于用单一的评价指标来衡量养殖户的安全生产行为更容易带有一定的主观性(周洁红,2006)。因此,本部分在以往文献研究的基础上并结合实际调查情况,构建养殖户安全使用兽药行为多指标评价因素,并以结构方程模型的方法来研究养殖户安全使用兽药行为,以揭示政府规制、市场因素对养殖户安全使用兽药的作用机理。

总之,本书在政府规制(监管和激励)、市场因素(市场收益和组织模式)的影响作用下,研究了养殖户在饲养生猪过程中使用兽药的不规范行为,并按照养殖户使用兽药等生产资料的逻辑顺序,依次对养殖户使用兽药种类、使用兽药数量和使用兽药操作规范性进行研究,以期更加全面地掌握农户不规范使用兽药行为,并提出相应规范养殖户兽药使用行为的政策建议。

二、技术路线

本书依据养殖户兽药使用行为逻辑顺序,分别从农户使用兽药种类(违禁兽药和正规兽药)、使用兽药数量(过量与否)和使用兽药操作规范性(安全使用兽药)三个层面对养殖户兽药使用行为进行研究,具体的技术路线如图1-2所示。

```
                        ┌─────────────────┐
                        │   总体框架结构   │
                        └─────────────────┘
```

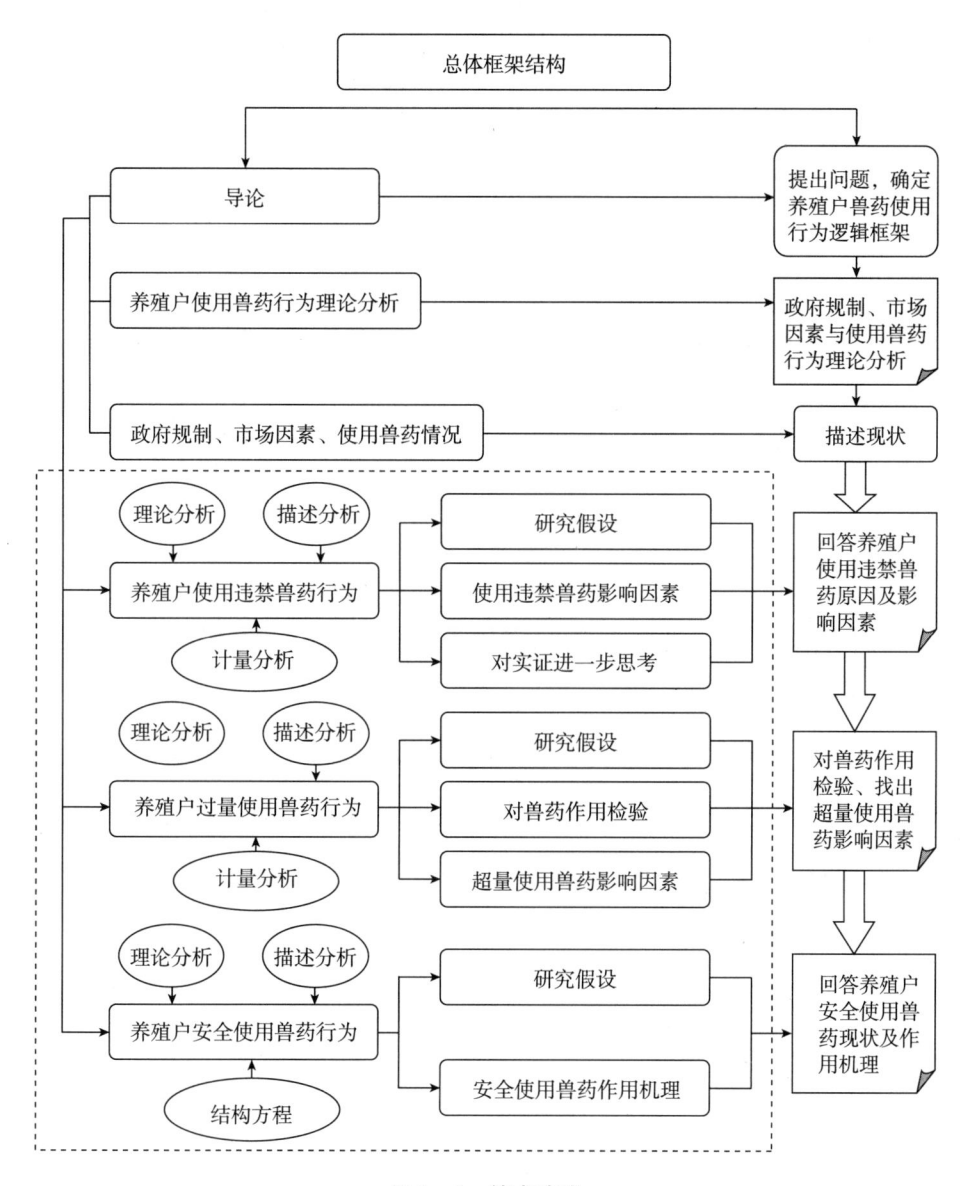

图 1-2 技术路线

三、论文的创新点

本书以生猪养殖户兽药使用行为作为研究起点，紧紧围绕在政府规制和市场因素的外部环境影响下，对养殖户兽药使用过程中存在的突出问题展开分

· 17 ·

析，期望从微观视角得出影响养殖户不规范兽药使用行为的具有规律性的因素。

（1）将生猪养殖户不规范兽药使用行为作为研究对象，具体对使用兽药种类（是否使用违禁兽药）、使用兽药数量（是否过量使用兽药）和使用兽药操作规范性（安全使用兽药）三个层面的问题展开深入讨论，已有研究主要关注农户使用安全兽药意愿的影响因素和对农户使用兽药情况进行现状描述，本书力求更加全面、系统地对养殖户不规范兽药使用行为影响因素和作用机理进行剖析，对已有文献进行补充。

（2）本书在 Fox 和 Weersink（1995）等研究成果的基础上，构建含有兽药生产要素的损害控制模型，并基于生产函数模型和损害控制模型对兽药边际生产率进行测算，得出养殖户过量使用兽药行为并不会提高农民生产性收入，从理论和实证角度为已有的定性文献成果提供证据。

（3）本书用期望效用理论作为不同风险偏好类型养殖户，使用违禁兽药行为差异的理论指导，从传统经济理论角度出发，验证风险偏好类型不同的养殖户的风险行为差异是因为他们对风险的成本—收益衡量标准不同，所构建的理论模型对养殖户使用兽药行为发生的原因具有较强的针对性，并有一定的创新。

第二章　理论回顾和文献综述

第一节　理论回顾

经济学家总结了很多农户经济行为等方面的理论，本章着重对前期的研究成果中重要的理论进行梳理，归纳并整理出适合本书的理论模型。

一、农户经济行为理论

关于农户的经济行为理论主要包括农户的经济行为是否"理性"以及基于"农民是理性的"这一出发点，如何进一步理解"最优化农户"视角下的农户生产行为。

1. 农户是"理性"还是"不理性"的争论

新古典经济学认为，实施经济行为的人能够在一定的制约条件下，在众多可供选择的方案中，选取出能够为自身带来最大利益的方案。行动者按头脑中既定的"理性"需求，并结合自身利益切实地思考、批判与推断。对于存在多种选择的情况，理性人总是偏好于利益最大化的那一种选择（郭和平，2004）。然而经济学发展到今天，在农业经济学的研究领域中有关农民"理性"假设的争论一直也没有间断（何大安，2006）。对于那些认为企业的经济行为符合"理性经济人"假设的学者来说，他们也可能不会同意运用"理性"原则去解释农民，特别是小农的经济行为，因为农民总是与"保守""传统""非理性"等词语紧密地联系在一起（郑风田，2000）。苏联经济学家恰亚诺夫（1996）在《农民经济组织》一书中指出，资本主义核算利润的方法对小农的家庭农场而言并不合适，因为家庭农场存在的主要目的是满足本家庭对于农产品的消费需求，而并不是为了追求利润的最大化，家庭需求原则才是这个家庭从事经济活动的基本前提。斯科特（2001）通过对东南亚地区的小农从事生产和生活方式进行观察后发现，在不同农民之间秉承着互利互惠的生活原则，同时他们的经济行为并不是基于"理性"需求，而是在"道德观念"的基础上，同时坚持"生存第一"和"安全第一"准则。而"安全第一"的准则在资本主义农业秩序中许多社会和道德安排得以体现，从而使贫困的农户能够有效避免生存危机的困扰（李丹，2008）。

"理性小农"理论则坚持认为，小农和其他经济体一样是理性的，会利用自己掌握的各种资源，并根据市场竞争中的刺激和机会来谋求利润最大化。美国经济学家西奥多·舒尔茨（2006）反对西方一些学者所保持的观点，指出在传统农业社会中，农民也并不是愚昧和懒惰的，小农的经济行为同样符合"理性人"假设，而且农民在生产中的表现并不逊色于企业家。林毅夫（1988）对我国农民所具备的经济理性进行解释时指出，所谓的经济理性就是一种效用最大化，而物质利益的最大化并不能代表个人效用都得到满足，往往利他行为能够给人带来更大的个人满足感，理性的个人通过"利他"来获得满足，从这个角度来看，符合经济中对"理性人"的假设，而个人对事物的主观判断、所处的外部经济条件和个体搜寻信息的成本同样也会制约这种"理性"行为。一部分学者认为，贫穷农民是最不"理性"的群体。傅晨、狄瑞珍（2000）在构建贫困农户行为模型的基础上指出，贫困的农户除了要受到"收入"这一硬性指标的束缚之外，还要面临各种各样的风险，他们本身作为机会主义者，其经济行为在别人眼中是"非理性"的败德行为，而他们实际上是满足在既定约束条件下的最佳选择，虽然他们生活贫困，但贫困得有效率。热带亚洲农村的农民是"理性"的，他们有能力将现代化的农业技术运用到生产劳作中，以实现收入的最大化。小农做出的生产决策都是在权衡利益长短后，所做出的符合个人利益最大化的选择（黄宗智，1986）。

综上所述，我们认为，尽管农户有着各种方式的经济行为，但其背后的深层原因在于"理性"地发挥着重要的作用。农户同其他所有的经济主体一样，都是追求利益最大化的"理性"经济人，只是不同的经济主体所要努力实现的最终目标不同而已。

2. 最优化农户行为

多数经济学家认同农民经济行为"理性"的认识（胡景北，2006）。本部分将基于农民是"理性"的这一前提假设，从"最优化农民"角度来对农民的各种生产行为及背后的"理性"进行阐述。

（1）农民是追求利润的。艾利思（2006）指出，农民家庭能够对农业投入和产出价格变化做出符合经济理论预见的反应，即农户的生产是有效率的。农民倾向于将每种可变投入的边际产品价值与其市场价格相吻合，使生产效率达到最大（Ali and Flinn, 1989; Barnum, 1978）。生猪养殖户在追求自身利益的同时，可能会采取损害社会利益的使用兽药行为（浦华、白裕兵，2014）。

（2）农民是规避风险的。发展中国家农民生计的公认特征是高度的不确定性，市场不稳定、信息缺乏、市场不完全的现象随处可见（艾利思，2006）。这些不确定的事件不仅可能会给贫困农户带来十分严重的后果，还可能会导致农户在微观生产水平上为规避风险而做出次优的经济决策，从而不能实现利润的最大化（Woligin，1975），具体表现在行为方面，例如，农户不愿意接受新的事物、新的品种和新的技术应用（Hiebert，1974），或为了规避风险而采取兼业或兼作的行为等，当农户所获得的家庭收入上升时，农户规避风险的态度或许会发生改变，通常表现为规避度下降（Anderson，1982）。

二、期望效用理论

西蒙（1964）通过在经济学领域引入心理学的研究视角，使个人行为决策的研究更加科学，其代表理论就是期望效用理论。不确定因素是经济生活的常态，而且个体所面对的经济决策，大部分是基于不确定的条件所做出来的决策。基数效用论、序数效用论和消费者无差异曲线等相关理论，是经济学家们描绘"理性人"在确定性条件下做出决策的行为。同时，理论指出，对"理性人"做出决策至关重要的三条基本公理：一是偏好完整性公理，即任何"理性人"都会对两种不同的商品产生具有明显区别的偏好；二是偏好传递性公理，即对于任意三种商品A、B、C而言，如果"理性人"认为，如果A优于B、B优于C，那么他一定认为A优于C；三是效用最大化公理，即"理性人"在选择商品时总会毫不犹豫地选择他认为效用最大的商品。

经济学中关于个体如何在不确定性自然条件下的选择问题是必须处理的问题，而John von Neumann和Oskar Morgenstern（1944）两位经济学家借助于期望效用法则构建了理性的决策者在不确定因素下做出选择的理论分析框架，成为研究处理这一类问题的"开拓者"。期望效用理论认为，个体对行动期望程度的测量影响态度，可能收益越大，个体越会实施这个行为；同时个体在一般情况下面临可能损失时是风险规避的，而面临可能获得的收益时却表现为风险偏好，概括来说个体偏好确定性的收益和概率性的风险，因此，在决策判断时往往会高估可能性结果而低估确定性结果（宋辉，2008）。Pennings 和 Garcia（2001）运用期望效用函数对生猪养殖户风险情况下的生产决策行为进行研究，发现市场价格波动风险是生产中面临的不确定性风险，而78%的农户属于风险规避或风险中立型，他们往往会为了避免可能会发生的损失，而选择牺牲长久利润去追求小风险和低收入的经济活动。在期望效用理论创立之后，有很多学者对该理论进行不断改进，使我们对于这个理论有了越来越清晰的认识（Marschak，1950；Strotz，1953；Raiffa，1957；Baumol，1958）。在此基础上，Leonard（1954）抛开"概率是客观存在"的基本概念，用"系统"去考察人们对于事物判断的"主观概率"，从而建立起相应的理论体系，使处理问题的方法更加一般化。Dercon（2002）通过研究农户风险偏好和主观贴现率之间的关系来分析农户的决策方式，结果表明，家庭收入水平越高，农户风险偏好的程度便会越强，而在收入水平较低的情况下，农户更多地关注当前的生活状态，对于风险较大的投资活动不是很"感兴趣"，而主观期望效用是决策者对于决策结果所产生的主观期望和体现，可以通过了解不同事件发生的概率以及效用，根据模型做出最优的选择。

三、计划行为理论

1. 理性行为理论和计划行为理论的比较

计划行为理论是建立在理性行为理论的基础上的，是一种解释和预测态度和行为之间关系的社会心理学理论模型，该理论在人类生活的各个领域都得到了广泛的应用。个体通常是理性的，可以系统地利用已经获得的信息。因此，在人们决定参与或不参与一个特定的行动之前就会考虑到其行动的可能影响

(Ajzen，1980)。理性行为理论模型是一种可以对态度和行为进行预测和解释的理论模型，人们会根据自己的想法去执行想要执行的行为。意向被视为一个人以一种特定的方式所表现出来的动机指向。因此，个体在特定意向的引导下会去尽力完成这一行为（Rutter et al.，2002）。然而有时人们对自己的行为和态度并没有很强的控制力，尤其是在缺乏技能和能力或环境条件的限制之下。我们不仅要评估意图，而且还要评估实际的行为控制，因而将知觉行为控制变量引入模型进而替代真实的控制，使行为预测更加准确和合理。

2. 计划行为理论的发展问题

从学者提出计划行为理论以来，许多实证研究的结果均凭借此理论获得证实。2007年之后，我国学界开始关注计划行为理论，从农户低碳生产行为、农户农药残留认知行为、菜农质量安全控制行为，到消费者网络购物意向、农户参与用水协会意愿，以及妇女的生育意愿和生育行为差异等（罗昊，2013；周利平等，2014；侯博等，2015；程琳、郑军，2014；张辉、白长虹、李储凤，2011；王建华等，2014），该理论在中国学者研究经济问题的过程中发挥了重要作用。

尽管计划行为理论得到了大量研究成果的支持，但依然存在一些问题亟待完善。首先，在行为意向和行为变量之间可能会存在中介性质的变量问题。尽管计划行为理论已经对大部分的行为方差做出了合理的解释，但仍然有一部分不被解释说明的行为方差存在，并且即使个体具有相同的行为意向和知觉行为控制，在执行行为时也可能会表现出不同的行为方式。Gollwitzer（1999）的研究表明，个体行为发生包括动机阶段和执行阶段，在动机阶段人们会形成整体的行为意向，而在执行阶段则通过对行为意向的执行选择可以实施行动，但是在实际情况中，尽管执行意向和实际行为之间存在较强的关联性，但往往一致性不强。Lavin 和 Groarke（2005）通过对牙线的使用行为研究证实了这一说法。其次，与其他情感处理模型相比较，计划行为理论模型缺乏对于威胁等不良情绪的处理（Bergman，2005）。当参与人被消极情绪困扰时，意图和态度有关；当参与人心态积极乐观时，意图和主观规范有关（Shirom et al.，2009）。

计划行为理论在对个体行为进行解释和预测的同时，还可以干预个体行为特征，这一理论对于态度等相关概念的形成和发展具有推动作用。而这些信念又是行为认知和情绪表达的前提，通过影响和干预它们能够实现从改善到改变行为的效果。根据本书研究对象的特点，针对当前我国生猪养殖户兽药使用行为的研究，计划行为理论具有较好的解释效力。

第二节　相关研究综述

新古典经济学理论认为，在众多影响个体决策的因素中，行为因素是导致效用水平存在差异的主要原因。我们假定收益代表效用，那么影响农户行为的关键因素就在于政府干预方式、市场收益保证以及介于两者之间的市场组织模式（王常伟、顾海英，2013）。同时，基于对农户做出的"理性人"前提假设，他们在面临信息缺乏以及市场环境不稳定等条件时，往往会表现出风险规避的本能。

一、政府规制与农户使用生产资料行为

关于农产品质量安全的政府规制与农户生产行为之间存在着复杂的关联。政府规制是一种正式的制度安排，因此，可以规制经济活动的发生，甚至会影

响到农户对行为决策目标的制定和实施。在政府规制中引入激励机制会提高规制效率，有利于规制目标达成（Posner，1974；Loeb and Magat，1979）。政府规制主要在两个方面影响着农户的生产行为：

1. 建立严格的农产品质量安全法律、法规制度对相关主体行为进行强制约束

张慧等（2013）通过对山东地区中小型猪场进行实地走访，记录基本信息，发现部分养猪场（户）存在使用违禁兽药的现象，应加强政府监管。Coyne 等（2014）通过对英国兽医和养猪农民使用抗菌类兽药的研究发现，农业系统管理会影响农民使用抗菌药物行为，而兽医处方会受到立法、养殖户和公众舆论等多方面的干预。Visschers 等（2015）对5个国家的农户使用抗菌类兽药差别进行分析发现，相对于抗菌药物的耐药性问题而言，农户更加担心政府的法律政策的变化。针对农户不按行业标准来从事农业生产，以及相应监管缺失的局面，应加大对违规农户实施处罚，从而在一定程度上改变这种局面（张娟娟、张宏杰，2010）。郑建明等（2011）通过实证调查发现农户关于违规处罚的认知情况与所能获得的经济效益之间存在着直接的联系。他还指出，政府应加强对养殖户的监管和处罚力度，一旦发现违规行为，就要彻查并严肃处理，将养殖户的经济效益与处罚力度相结合，以保障养殖产品质量安全。兽药、药物添加剂限制政策所带来的产量损失相对于居民健康风险的降低是微小的（Mann and Paulsen，1976）。随着消费者越来越了解兽药残留的危害以及个人收入水平的提高，政府对农户所使用的部分兽药实施禁用或限制使用，能够使消费者的福利水平获得提高（Lusk et al.，2006）。政府监管力度越大，养殖户采取人药兽用行为的概率越低，然而，政府监管力度对养殖户超量用药及不遵守休药期行为并无明显影响（吴林海、谢旭燕，2015）。张光辉等（2010）针对我国在兽药使用环节监管中存在的法律、法规标准体系不完善、执法监管

力度小、技术监管力度薄弱以及从业人员素质低等问题，提出进一步加强在兽药使用环节监管的解决方案和措施。吴林海等（2015）认为，现阶段政府应着重加强对养殖年限超过十年的中小规模养殖场、受教育程度低的养殖群体的监管力度。通过督促养殖户做好养殖档案记录，鼓励其加入猪肉可追溯体系等方式，努力改变养殖户"守法成本高于违法成本"的格局，缓解"有限监管力量"与"无限监管对象"之间的矛盾。

2. 以政策措施激励农户采用有利于社会福利最大化的行为

例如，对农户进行技能培训、推广认证制度、加强农业补贴和提供农业政策性保险等。农业技术推广部门作为农业技术从产生到采用的主要传播渠道之一，技术推广员在广大农民心目中的威望依然很高，通过组织系统化的培训与指导，在降低农户信息获取成本的同时，还能起到一定的示范作用，参加过专业养猪技术培训和指导的养殖户对安全兽药需求的意愿更强（刘万利、齐永家、吴秀敏，2007）。2003年上半年农业部推出了无公害农产品国家认证，力求在源头上对农产品实行质量监控，使农产品的质量具有信任品的特质，只有在专业技术的把关和专业人员的指导下才能检测出来，一般的消费者是无法仅凭肉眼就加以识别的（王秀清、孙云峰，2002）。但是，由于我国监管体制不健全和方式方法不受用而导致对农户的激励不够，他们常常不按照无公害产品标准生产农产品，却按无公害产品的价格出售农产品，从而获得额外收益（周德翼、杨海娟，2002）。Smith等（1996）在对美国小麦种植农户生产资料投入和购买农业保险的关系进行研究时发现，是否购买农业保险对于农户生产资料投入量有显著影响，购买了农业保险的农民其过量使用农药或化肥等道德风险程度要大大降低。因此，政府规制农户从事安全农业生产，可以为其提供一份"合适"的农业保险。Quiggin等（1999）也认为，农业保险对于农户安全生产行为而言是一种非常有效的激励手段。农业保险的购买者会自发地倾向于少投入化肥等生产资料的使用量（Goodwin et al.，2004）。而另外一些学者得出了完全相反的结论，钟甫宁等（2006）通过对中国棉花种植农户的调查研究指出，农户所使用的农药、化肥和农膜等生产资料本身也具有一定的风险特征。因此，会对农户选购农业保险决策产生一定程度上的影响，并且已经购买农业保险的农户，其化肥、农膜的投入量会增多，而农药的使用量会减少。Horowitz 和 Lichtenberg（1993）对1987年的农户生产谷物成本和收益进行调查分析后发现，由于农户自身条件的限制其道德风险行为的发生是不可避免的，而农业保险会刺激农户加大对风险扩大型生产资料的投入力度，已经购买了农业保险的农户会增加对于氮肥、杀虫剂和除草剂以及农药的花费。由于政府难以监管农户投入生产要素的道德风险问题，并且随着社会保险机制的完善和健全，农户发生道德风险的可能性会越来越高（林光华、汪斯洁，2013）。Wu 等（1996）对美国政府在考虑农户利益、环境保护以及政府税收损失等多方面因素之后，通过与农户之间签订协议的方式，对那些以环境友好方式生产和有责任感的农户给予激励，这种方式可以与农户建立直接的农产品质量安全管理体系，从而对农户的生产行为形成规制。

和丽芬、赵建欣（2010）对我国蔬菜种植农户进行走访，发现在农产品的安全生产过程中，政府规制的作用主要体现在微观的操作层面，例如，对农产品生产和供给的监管职能，而宏观层面的法律、法规对于农产品质量安全供给的作用并不明显。其实，我国在对生猪检疫的环节上，无论是宰前还是宰后肢体分部检疫，都还只停留在对诸如口蹄疫、猪水泡病和猪瘟等重大疾病的检疫，并没有严格监管生猪产品中的兽药残留情况。同时，对于农户在生产过程中过量使用兽药以及滥用抗生素行为也缺乏严格的监管和惩罚机制。因此，还存在很多养殖户在已经知晓违规使用兽药会形成处罚的情况下，依旧不加节制地超量使用兽药（吴林海、谢旭燕，2015）。Terence（2003）从规模效益角度出发，论述了规模经济导致动物集约化、设施化生产，从而大范围地使用抗生素，美国政府也为此付出了高额的监管成本。如果政府疏于对农产品的监管，而仅仅凭借农产品是"经验品"的商品属性，那么会降低农户在生产中的自律意识，间接促成"逆向选择"行为的发生（张耀钢、李功奎，2004）。只有健全食品质量安全监管制度并按要求严格执行，才是约束生产者不当质量安全管理行为的有效手段（陈雨生、房瑞景，2011）。因此，政府必须通过立法，制定技术标准，采取严格的质量检测、检验检疫、市场准入、质量认证等规制措施，同时配合实施"适当"的激励措施，鼓励养殖户从事规范的生产行为，最终才能实现生产经营者和消费者之间的利益均衡。

二、市场因素与农户使用生产资料行为

农户使用兽药行为会受到市场收益的影响，即在不考虑其他因素的情况下，农户会对兽药投入的边际收益与边际成本进行比较，最终决定他的生产行为。如果从农户的认知视角出发，那么他们在理解兽药投入边际收益时还会依据对兽药使用方法的信任度和个体风险态度。为保障稳健的市场收益，大多数养殖户会通过连续地、大量使用抗生素等特效药品的方法来降低畜禽的病死率，即利用兽药来掩饰亚健康畜禽的临床表现（Clevo et al.，2001）。Speksnijder 等（2015）通过对荷兰农场主使用兽药行为进行研究后指出，由于考虑到市场收益的情况，兽药使用已经由广泛使用抗生素转变为谨慎使用抗生素。浦华、白裕兵（2014）认为，养殖利润率影响着生猪养殖户使用兽药的违规行为，随着上游产业链价格的不断攀升，收购商利用自身优势"压榨"生猪出栏价格，结果是农户不得不依靠药物稳定生猪出栏量，而根本无暇顾及产品质量。李红、孙细望（2013）指出，对于生猪养殖户进行定期的培训，一方面，可以合理引导养殖户选购良好的饲养品种、提高其对于动物疾病的防治技术的

掌握；另一方面，提高消费者正确的消费理念，使消费者愿意支付适当的价格来购买"安全"和"优质"的产品，实现优质优价的市场效益，是解决猪肉产品质量安全的根本途径。

王华书等（2004）认为，由于市场运行机制不够健全，在市场交易过程中的双方掌握信息不健全，使农产品并没有实现真正意义上的优质优价，不仅是导致农户超量添加化肥和农药的根本原因，也是我国食品安全的根源所在。基于目前的制度和技术并不完善，相关部门还无法高效、准确地检测出一头猪在重金属或抗生素残留方面是否存在超标问题。对于食品安全事故而言，保障机制不能迅速做出反应，农户也不会因此而得到应有的惩罚（邬小撑等，2013）。虽然药品标签上明确印有关于兽药休药期的相关规定，一些商家在出售此类药品时也会稍加提醒养殖户，但仍不乏存在很多对其视而不见的养殖户。他们根据市场、疾病等情况选择生猪的出栏时间，生猪若在出栏前发生疾病，养殖户便会加大兽药使用剂量（Dunlop，McEwen and Meek，1998）。在超额利润吸引下，部分生猪养殖户甚至无视违禁兽药可能造成的危害，例如，在生猪预混料中非法添加呋喃它酮等违禁抗生素以加快生猪肌肉发育，达到促进生猪生长的目的（于晓、林海丹等，2013）。赵建忠（2008）在对养殖户做出生猪供给决策的影响因素研究中发现，宏观层面的法律法规对其生产决策并没有很大影响，而诸如市场准入制度和检验检测机制这类操作层面的具体制度，则对养殖户的生产行为影响较大。对家禽的研究表明，突发性疫情会通过其本身及鸡蛋价格显著地影响养殖户的生产行为，并且养殖户能够根据动物疾病发生的危害情况来改变自己的生产行为。在刚爆发动物疾病时加大兽药使用量，在疫情发生后期补栏蛋鸡（朱宁、秦富，2015）。

近年来，人们越来越关注市场组织模式这一影响农户生产行为的关键因素，农产品行业协会、合作社和上下游企业将以行规或合同的形式对养殖户使用兽药行为形成一定的激励与约束作用。Jayasinghe 等（2006）通过对畜禽制品加工企业的调查研究表明，相对于政府出台的政策举措，市场激励的力量似乎更能有效地促使企业采取质量安全控制行为。卫龙宝等（2004）认为，农户在加入专业合作组织以后，能接受到正规的质量安全体系培训课程，同时，政府还会予以技术和资金支撑。蛋鸡生产企业为了保障产品质量安全，为农户统一供应兽药等生产物质，同时对农户所获鸡蛋施行统一收购和统一销售，以提高养殖户市场收益。养殖户更倾向于直接向企业购买兽药等生产资料（王太祥、王琼瑶，2011）。万俊毅（2008）研究指出，紧密地组织纵向一体化关系，有利于提高公司和农户履行合约，实现双方共赢。Vukina（2005）通过对美国养殖户饲养行为研究发现，养殖户所签订的合同规制以及所饲养的规模程度和专业化水平都会影响其生产资料投入的道德风险行为。刘军弟等（2009）认为，养殖户的防疫意愿与是否加入产业化组织，以及与产业化组织提供的技术培训和技术服务有很大关系。张云华、马九杰等（2004）的研究表明，农户选购什么类型的农药与农户自身对农药的认知，以及农户与产业组织的联系相关。Goodhue 等（2010）认为，对农户进行农药施用方面的培训不失为一个行之有效的方案，它有助于减少农户违禁农药的施用量。政府应鼓励养殖户参加产业化组织，依托产业规模的扩大规范养鸡专业户使用兽药行为。同时，基层畜牧兽医管理部门也要加强对养殖户科学使用兽药方面的讲解，通过培训的方式普及安全用药知识，最终提高养殖户使用兽药的能力（朱启荣，2008）。Noreen Machila 等（2008）认为，养殖户对黄牛体重的估计结果是影响使用兽药剂量的主要因素，而养殖户参加培训会提高对黄牛体重估计的准确度。

三、风险偏好与农户使用生产资料行为

农户在生产经营过程中经常要面对市场、自然等风险（宋圭武，1999）。

风险规避型的农民在面对生产规模有限、抵御外界风险能力薄弱的情况下，会遵循"安全第一"的原则，往往会把各种不利的因素都考虑到生产决策之中（彭文平，2002）。Irungu 等（2006）对 180 名肯尼亚养殖户调查后指出，养殖户年龄和受教育程度对其兽药使用偏好的选择具有重要影响，在政府立法过程中，对于类似肯尼亚这样的发展中国家而言，首先要解决的是偏远地区缺乏专业兽药使用者的限制。小规模的生猪养殖户越偏好风险，则对兽药的需求量越多，而大规模的养殖户能够认识到兽药残留的危害性，且十分重视药物的配比和对使用生产资料的成本进行核算（王瑜，2009）。生猪养殖户对于疾病风险感知的程度和对生产质量安全认知重要性的理解将会对兽药使用行为产生直接的影响（Valeeva et al.，2011；陈帅，2013）。就当今中国农村的养殖户而言，维持家庭生活的基本开销仍然是他们从事养殖生产的行为动机，养殖户的文化素养、价值取向、风险偏好等内部因素会影响养殖户是否会违规使用兽药的行为（Garforth，2013；浦华，白裕兵，2014）。Ramaswami 等（1993）认为，养殖户的风险偏好程度、是否能够获取准确的技术指导和保险契约的完备程度都会显著影响养殖户道德风险。朱宁、秦富（2015）的研究表明，风险规避型的蛋鸡养殖户为了避免超标使用兽药可能带来的风险，不会选择过量使用兽药的行为。

学界关于农户风险问题的经验研究，试图揭示农户的风险偏好类型以及在多大程度上农户是可以风险规避的，以探讨农户风险偏好类型对于农业生产效率和农业经济增长的影响。Garforth 等（2013）对英国不同种类动物养殖户进行比较分析，探讨养殖户对于动物疾病风险管理的态度，同时指出需要加强政府政策导向对牲畜疾病的控制。大部分研究为了便于得到农民风险偏好类型的结论，以主观概率理论为研究基础，借助于风险的客观指标（如价格变动、各季节产量变动等）来研究农民风险类型（Grisley and Kellog，1987）。

Binswanger（1980）将确定性等价法用在风险经验的研究中，把农民的决策行为和农民的摸彩实验结果等价起来。我国学者黄季焜等（2008）、米建伟等（2012）、仇焕广等（2014）也采用这种方法对农户风险规避程度进行实验测度。大部分的研究都认为，农民的风险偏好类型是风险规避型的，马述忠等（2003）通过对山东、湖北和青海三地农户种植转基因作物的生产意向分析，表明农户是理性的，且在种植过程中面对不确定性因素时往往表现为风险规避的特征。但也不是所有研究结论都支持这个观点，例如，有学者运用"安全第一原则"对孟加拉国进行实地调研，结果表明，中农规避风险，贫困农民偏好冒险（Parikh and Bernard，1988）。

四、信息有效性与农户使用生产资料行为

艾利思（2006）的研究表明，农民是在"追求一个或多个家庭目标的最大化"。同时，农民的生计又面临着高度的不确定性，包括信息缺乏和市场不完全等现象的存在，使农民表现出一种通过规避风险的本能来实现农民的"生存算术"（Lipton，1968）。Miguel 等（2014）的调查研究表明，西班牙的生猪养殖户在使用抗生素类兽药的过程中，存在明显的认知缺陷，他们往往只会重视兽药对动物疾病的防控效果，而忽略兽药使用行为不规范可能会带来的危害。由于养殖户关于兽药使用方面的信息十分有限，而有效信息对于减少养殖户决策过程中的不确定性至关重要（Quiroga et al.，2011）。农户掌握什么信息就会决定其采取何种技术行为，国内外相关学者的研究表明：农户能够获取多少信息、能够得到多少技术推广部门的技术指导、是否获得产业组织的技术服务都会影响农户在生产中的技术采用行为（Jamnick and Klindt et al.，1985）。生猪养殖户对相关兽药质量方面的信息掌握越多，则越会倾向于使用安全的兽药（孙若愚等，2014）。Miguel（2014）通过 2010 年在西班牙对 110

位农场主进行调研和面对面访谈时发现,尽管在农场集中使用兽药非常便利,但大部分农场主并不是完全掌握兽药使用的具体方法,而且关于兽药对动物的健康,以及消费者食用动物产品后的健康情况,也表现出并不在意的态度。学者总结出造成信息失效的原因主要有以下两点:

1. 不同行为主体之间的信息不对称

Calvin 等(2004)指出,由于在市场上存在信息不对称问题,因此,洋葱种植户即使采取安全的生产方式也不一定会获得更高的市场价格,而且农户是否实施安全的生产方式取决于市场收益和所要面临的外部风险。也有研究表明,农民过量施用农药行为可能与所购农药的农业技术推广部门所提供的信息有关(黄季焜、齐亮、陈瑞剑,2008)。农民由于受到特殊条件的限制,对于辨别大部分不安全农药产品质量的能力较弱,农药零售商与果农之间存在较大程度的信息不对称,农药零售商在果农是否购买不安全农药行为中起决定性作用(王永强、朱玉春,2012)。邬小撑等(2013)通过研究发现,由政府牵头组织的养殖技术培训所提供的专业知识信息,对于提高养殖户认知水平具有重要意义,而养殖户认知水平的提高则会降低农户过量使用兽药和使用违禁兽药行为的发生。因此,政府应不断强化对养殖户安全使用兽药方面的信息和专业技术的支持力度(朱启荣,2008),从而减少养殖户和其他相关利益主体之间的信息不对称性。

2. 农户在生猪饲养过程中存在道德风险行为

Sheriff(2005)通过对美国农民观察发现,农户在使用生产资料时的态度过于保守、生产资料的投入品之间具有替代性,即可以通过增加农药或化肥的投入量来代替其他投入品、为了规避气候等不确定因素农户加大投入品使用量等原因是造成农户发生道德风险的主要原因。Starbird(2005)、Bontems(2006)指出,消费者难以掌握所购农产品质量安全状况的原因在于,在农产品市场上存在着买卖双方之间的信息不对称的现象，而农产品质量状况信息的公开，有利于双方的利益保障。即使有一些消费者借助于其他途径辨别农产品质量安全，例如，抽样检查等，也免不了会存在质量不安全的农产品逃脱检查，这就造成了道德风险的增加。尽管一部分生猪养殖户清晰地了解过量使用兽药、兽药添加剂和其他违禁兽药可能会产生的危害，但仍然实施上述行为，这是一种严重的道德缺失行为。道德缺失的养殖户在最大程度满足自身收益的同时，做出损害消费者利益的行为且不会受到应有的处罚。因此，这种败德行为在他的思想中就不存在所谓的"风险"（李红、孙细望，2013）。Dubois 等（2005）认为，农户风险偏好类型是影响其道德风险发生的直接因素，风险偏好型农户发生机会主义的可能性大，因此，对农户道德风险的观察应注意其效应值。Mitchell（2004）指出，农户采用安全技术的成本、政府对生产环节的检查次数和对违规处罚的金额将会显著影响农户做出道德风险事件的可能性。

第三节　本章小结

本章通过对农户经济行为、期望效用等相关理论和文献进行梳理和总结。首先，政府规制在一定程度上影响农户生产决策目标的选择，从而改变农户使用兽药等生产资料行为，具体表现在政府依据相关法律、法规对不规范生产行为进行处罚或政府制定激励政策提供相关保障措施，鼓励养殖户生产质量安全的农产品，从而提高社会福利水平。其次，农户在参与市场活动的过程中，农牧企业等相关组织模式对养殖户使用兽药行为具有一定程度上的约束和引导机制，统一提供兽药、统一提供技术指导等一系列产业组织模式功能，为降低养殖户生产成本发挥巨大作用；同时，养殖户依托优质的产品质量，赢得消费者认可，进而获得更高的市场收益是解决农户生产不规范问题的根本出路。最后，综合考虑养殖户自身属性，即养殖户的风险偏好类型和获取外部有价值信息的能力可能会影响养殖户使用兽药行为。通过对以上文献的综述将会为第三章具体讨论政府规制、市场因素（市场收益和市场组织模式）与养殖户使用兽药规范性理论模型的关系分析奠定理论基础。

第三章　养殖户使用兽药行为理论分析

为了解并揭示影响生猪养殖户使用兽药行为的内在机理，在进行实证分析之前，有必要阐述政府规制、市场因素与养殖户使用兽药行为的逻辑关系，即结合政府规制和市场因素等内容，分别构建养殖户使用兽药规范性行为理论模型，并提出待检验的研究假设。

第一节　政府规制和养殖户使用兽药行为
——博弈分析的视角

政府进行规制的主要目的是为了弥补生猪市场可能存在的"市场失灵"现象，为消费者提供质量安全的生猪产品、进而实现社会公共食品安全。同时，政府规制部门也要考虑对养殖户进行规制的成本因素，其中就包括对出栏生猪进行检验检疫和为养殖户提供养殖补贴所支付的规制成本，只有当政府规制收益高于规制成本时，才会采取规制措施。生猪养殖户在使用兽药时，也会将政府规制所带来的外部成本考虑在内,只有当养殖户规范使用兽药所带来的养殖效益高于不规范使用兽药获得的效益时,养殖户才具有科学使用兽药的动机。本书通过构建政府部门和生猪养殖户之间的静态博弈矩阵,并通过引入养殖利润、超额利润和政府规制成本等变量来对政府规制可能对养殖户使用兽药行为规范性的影响进行讨论。

为了方便研究,在此假设只有一个政府部门和一个养殖户从事单阶段静态博弈。政府的博弈选择是:规制养殖户使用兽药行为和不规制养殖户使用兽药行为;而养殖户的选择是:在生猪养殖的过程中,规范使用兽药和不规范使用兽药(见表3–1)。并对各行为主体做如下假设:

表3–1 政府规制和养殖户使用兽药行为博弈矩阵

		养殖户使用兽药行为规范性	
		规范	不规范
政府	规制	$-C_1$, $R-C(Q)$	$\lambda g(m, n)-C_1$, $R+M-C(Q)+\lambda g(m, n)$
	不规制	0, $R-C(Q)$	$-C_2$, $R+M-C(Q)$

假设1:政府部门从事规制的概率是 p,不从事规制的概率是 $1-p$;对养殖户使用兽药行为进行规制时的成本是 C_1,其中也包括政府为鼓励生猪产业发展,而为养殖户所提供的补贴或保险等激励政策等,不对养殖户使用兽药行为进行规制时的成本是 C_2,这其中包括政府由于"不作为"行为所导致的声誉和政绩方面的损失。

假设2:由于养殖户饲养生猪头数是 Q,因此,生产成本可以表示为 $C(Q)$;养殖户规范使用兽药行为所能获得的收益是 R,而由于不规范使用兽药行为可能还获得超额收益 M,且养殖户使用兽药行为规范的概率是 q,不规范使用兽药的概率是 $1-q$。

假设3：当养殖户使用兽药行为不规范时，有 λ 的概率被政府规制部门发现，且规制部门会对养殖户进行 g 的处罚，并且满足政府规制成本越大处罚金额越多。用政府对生猪出栏前的检验检疫 m 和养殖监管 n 来衡量政府规制成本，即 $g=g(m,n)$，则有 $\frac{\partial g(m,n)}{\partial m}>0$，$\frac{\partial g(m,n)}{\partial n}>0$。也就是说，在政府规制部门加大对养殖户出栏生猪的检验检疫力度和增加养殖户使用兽药等生产资料的监管时，会增加政府支出成本。因此，一旦发现违法违规行为，必定会增加对相关养殖户的处罚力度。

对上述政府与生猪养殖户博弈矩阵进行分析和求解混合策略的纳什均衡，并以 U_g 表示政府规制机构的期望效用函数：

$$U_g = p \cdot [q \cdot (-C_1) + (1-q) \cdot (\lambda \cdot g(m,n) - C_1)] + (1-p) \cdot [p \cdot 0 + (1-q) \cdot (-C_2)]$$

$$= p \cdot [\lambda \cdot (1-q) \cdot g(m,n) + C_2 \cdot (1-q) - C_1] + q \cdot C_2 - C_2$$

以此类推，以 U_f 来表示养殖户的期望效用函数，则有：

$$U_f = q \cdot [p \cdot (R - C(Q)) + (1-p) \cdot (R - C(Q))] + (1-q) \cdot [p \cdot (R + M - C(Q) + \lambda \cdot g(m,n)) + (1-p) \cdot (R + M - C(Q))]$$

$$= q \cdot [R - C(Q)] + (1-q)[p \cdot \lambda \cdot g(m,n) + R + M - C(Q)]$$

对政府规制关于规制概率 p，以及养殖户关于规范使用兽药行为概率 q 分别求一阶偏导，可以得到最优化的条件为：

$$\frac{\partial U_g}{\partial p} = \lambda \cdot g(m,n) - C_1 - q \cdot \lambda \cdot g(m,n) - q \cdot C_2 + C_2 = 0$$

$$(\lambda \cdot g(m,n) + C_2)q = \lambda g(m,n) + C_2 - C_1$$

$$q^* = 1 - \frac{C_1}{\lambda g(m,n) + C_2}$$

$$\frac{\partial U_f}{\partial q} = R - C(Q) - p \cdot \lambda \cdot g(m,n) - R - M + C(Q) = 0$$

$$p^* = \frac{-M}{\lambda g(m, n)}$$

由此可知，政府规制和养殖户使用兽药行为规范性博弈模型的混合策略纳什均衡为：$q^* = 1 - \frac{C_1}{\lambda g(m, n) + C_2}$，$p^* = \frac{-M}{\lambda g(m, n)}$。即养殖户在使用兽药过程中会以 $1 - \frac{C_1}{\lambda g(m, n) + C_2}$ 的概率来规范使用兽药，政府相关规制部门则会以 $\frac{-M}{\lambda g(m, n)}$ 的概率来执行规制行为。通过对以上博弈分析还可以得出如下结论：

（1）生猪养殖户在养殖过程中，使用兽药行为规范性的概率与政府进行规制的成本 C_1、政府不进行规制的成本 C_2、政府能发现农户不规范使用兽药的概率 λ 以及对养殖户不规范使用兽药行为处罚的力度 $g(m, n)$ 有关。由 $\frac{\partial q^*}{\partial C_1} = -\frac{1}{\lambda \cdot g(m, n) + C_2} < 0$ 可知，在 λ、C_2 和 $g(m, n)$ 一定的条件下，随着政府对养殖户进行规制的成本上升，养殖户选择规范性使用兽药行为的概率在下降。而由 $\frac{\partial q^*}{\partial m} = \frac{C_1 \cdot \frac{\lambda \cdot \partial g(m, n)}{\partial m}}{[\lambda \cdot g(m, n) + C_2]^2} > 0$，$\frac{\partial q^*}{\partial n} = \frac{C_1 \cdot \frac{\lambda \cdot \partial g(m, n)}{\partial n}}{[\lambda \cdot g(m, n) + C_2]^2} > 0$，$\frac{\partial q^*}{\partial \lambda} = \frac{C_1 \cdot g(m, n)}{[\lambda \cdot g(m, n) + C_2]^2} > 0$ 可知，在成本 C_1 和 C_2 一定的条件下，随着政府对生猪养殖户预出栏生猪进行检验检疫、对养殖监管次数的增加以及发现农户不规范使用兽药的概率的提升，最终表现为政府规制促进农户规范生产。

（2）政府机构选择规制的概率与养殖户不规范使用兽药能获得超额利润 M、政府能发现农户不规范使用兽药的概率 λ，以及对养殖户不规范使用兽药行为处罚的力度 $g(m, n)$ 有关。由 $\frac{\partial p^*}{\partial M} = -\frac{1}{\lambda \cdot g(m, n)} < 0$ 可知，在 λ 和 $g(m, n)$ 一定的条件下，随着政府部门规制概率的减少，那么生猪养殖户通过

一些不正当手段可能会获得更大的超额利润。而由 $\frac{\partial p^*}{\partial \lambda} = \frac{-M \cdot g(m, n)}{[\lambda \cdot g(m, n)]^2} < 0$

和 $\frac{\partial p^*}{\partial g(m, n)} = \frac{-M \cdot \lambda}{[\lambda \cdot g(m, n)]^2} < 0$ 可知，在农户所能获得的超额利润一定的前提下，政府如果能够及时发现养殖户不规范使用兽药行为，并提高对这种不规范行为的处罚力度，那么将会在以后的工作中降低政府规制的概率，从而可以在一定程度上减少政府规制成本的支出。

综上所述，政府对预出栏生猪进行检验检疫和监管生猪养殖过程等政府规制行为，对于规范农户使用兽药行为具有促进作用，同时政府相关部门应提高检验和监管技术水平，适当提高对于不规范养殖行为的处罚力度。只有将这些因素都综合考虑，才能在减少政府规制成本支出的同时，实现引导农户科学、合理地使用兽药等生产资料的行为。

第二节　市场因素和养殖户使用兽药行为

各国政府在治理农产品质量安全、规范农户生产行为的实践过程中，主要措施包括完善质量安全评价体系、加强立法、强化抽检和惩罚力度等，显然这些措施体现的是"堵"的思路，而非"疏"的原则（胡定寰，2008；周德翼等，2002；钟真、孔祥智，2012），而本书认为，要规范农户使用兽药等生产资料行为，保障生猪产品质量安全，生猪产业的外部压力固然重要，但同时不能忽视的是在生猪市场上实现价格调控机制，实现"优质"和"优价"的有机结合，保障养殖户获得高额的市场收益；在生猪产业内部对不利于生产安全生猪产品的行为进行调整和消除，依托产业链优势发挥市场组织模式的作用。

一、市场收益和养殖户使用兽药行为——成本收益的视角

在一个充分信息和完全竞争的市场上,生猪养殖户倾向于饲养质量安全的生猪,从而会规范兽药使用行为,原因就在于"优质"的生猪产品会为其带来"优价"的市场销售价格。但是,在实际的生猪收购市场上,生猪产品的质量却参差不齐,收购商仅仅凭借肉眼和现有的技术水平不能及时、准确地掌握生猪产品的质量情况,使信息在买卖双方之间并不对称,那么养殖户就可能会利用这种信息优势,以次充好来谋求更大的市场收益。

为了便于分析,假设市场上只有一个养殖户提供生猪产品(市场的供给总量是一定的),农户在养殖过程中,对兽药的使用存在规范使用和不规范使用两种情况,并对该养殖户做如下假设:

假设1:养殖户规范使用兽药行为发生的概率是 α,不规范使用兽药行为发生的概率是 $1-\alpha(0 \leq \alpha \leq 1)$。由于养殖户规范使用兽药,提供优质、安全的生猪产品价格是 p^m,对应的需求曲线是 D^m;而养殖户不规范使用兽药,提供劣质、不安全的生猪产品价格是 p^n,对应的需求曲线是 D^n(见图3-1)。

假设2:养殖户规范使用兽药,需要支付的生产成本是 C^m,不规范使用兽药,需要支付的生产成本是 C^n,一般情况下,我们认为 $C^n < C^m$,养殖户不规范使用兽药时需要支付的生产成本更低。

假设3:当市场信息完全时,生猪收购商对质优、安全的生猪产品按照 p^m 价格出售,此时养殖户获得的市场平均利润率为:

$$r = \frac{p^m - C^m}{C^m} \tag{3-1}$$

以 p^n 价格出售劣质、不安全的生猪产品,由此养殖户可以获得市场平均利润率为:

$$r = \frac{p^n - C^n}{C^n} \qquad (3-2)$$

而在现实的农产品市场上,生猪收购者并不能真实地掌握生猪产品的质量安全信息,即并不会了解养殖户使用兽药是否规范,是否符合安全生产的要求。因此,无论是优质、安全的生猪产品还是劣质、不安全的生猪产品都将以买卖双方信息不对称条件下的短期均衡价格 p^* 进行市场交易,此时

$$p^* = \alpha \cdot p^m + (1-\alpha) \cdot p^n \qquad (3-3)$$

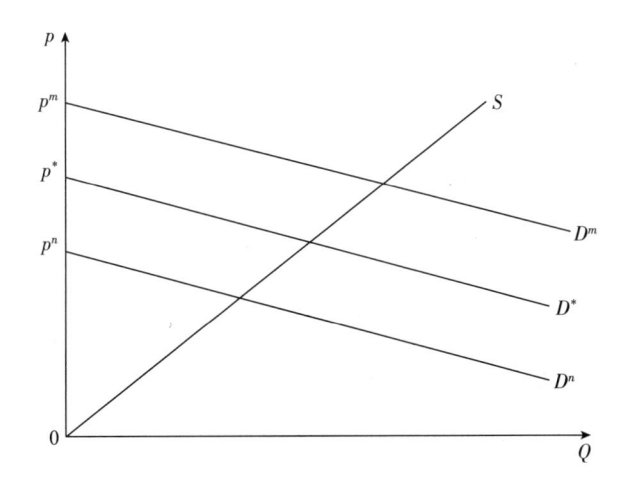

图 3-1 生猪市场均衡和养殖户使用兽药行为

当收购商以均衡价格 p^* 收购到优质、安全的生猪产品时,将获得正效用。反之,收购到劣质、不安全的生猪产品时则会获得负效用。结合式(3-1)~式(3-3)三个表达式可知:

$$\begin{aligned} p^* &= \alpha \cdot p^m + (1-\alpha) \cdot p^n \\ &= \alpha \cdot (r \cdot C^m + C^m) + (1-\alpha) \cdot (r \cdot C^n + C^n) \\ &= [\alpha \cdot C^m + (1-\alpha) \cdot C^n] \cdot (r+1) \end{aligned}$$

那么，养殖户规范使用兽药行为和不规范使用兽药行为所获得的利润率就不应该是式(3-1)和式(3-2)所对应的利润率，而应该变为 r^m 和 r^n，具体见式(3-4)和式(3-5)：

$$r^m = \frac{p^* - C^m}{C^m}$$

$$= \frac{[\alpha \cdot C^m + (1-\alpha) \cdot C^n] \cdot (r+1) - C^m}{C^m}$$

$$= r - (1+r) \cdot (1-\alpha) \cdot \left(\frac{C^m - C^n}{C^m}\right) \quad (3-4)$$

$$r^n = \frac{p^* - C^n}{C^n}$$

$$= \frac{[\alpha \cdot C^m + (1-\alpha) \cdot C^n] \cdot (r+1) - C^n}{C^n}$$

$$= r + \alpha \cdot (1+r) \cdot \left(\frac{C^m - C^n}{C^n}\right) \quad (3-5)$$

从式(3-4)和式(3-5)中可以看出，养殖户在规范使用兽药行为时所获得的利润 r^m 低于平均利润 r，而不规范使用兽药行为时所导致的利润 r^n 高于平均利润 r。因此，$r^n > r^m$，即养殖户的不规范使用兽药行为可能会获得更高的市场利润。

综上所述，在市场信息充分和完全经济市场上，生猪养殖户倾向于提供优质、安全的生猪产品。因此，在养殖生猪过程中会规范使用兽药。但是，当市场信息不充分时，即生猪收购商和养殖户存在信息不对称时，养殖户倾向于降低生产成本，则可能会加入不规范使用兽药的行列中，最终导致市场份额中 α 的比例进一步减少，收购商能够买到质量安全的生猪产品的可能性降得更低。

二、市场组织模式与养殖户使用兽药行为——产业组织的视角

钟真、孔祥智(2012)指出，市场组织模式就是相关行为主体通过联合

的方式形成拥有一定产业功能的经营形式。养殖户与产业链上的企业通过联合的机制组成利益共同体,在生猪养殖过程中,能够"降低生产成本""抵御市场风险",同时企业也会以统一技术服务、统一产品质量标准和统一提供生产资料等形式约束养殖户生产行为。那么市场组织模式是如何引起生猪养殖户使用兽药行为规范性的变化?本书将通过图3-2来做简要的说明和讨论。在图3-2中,横坐标表示养殖户使用兽药行为的规范性,记作 regulate,纵坐标表示养殖户所处市场组织模式程度,记作 org;并假设养殖户在与企业合作之后,产业组织会为其提供相应的技术和生产资料等方面的服务,而这些服务对于规范养殖户兽药使用行为具有正向的激励作用。当农户兽药使用行为规范之后,就会相应减少组织模式服务的"需求",即养殖户掌握正确的操作方法后,自身的生产技术和管理水平获得提高。

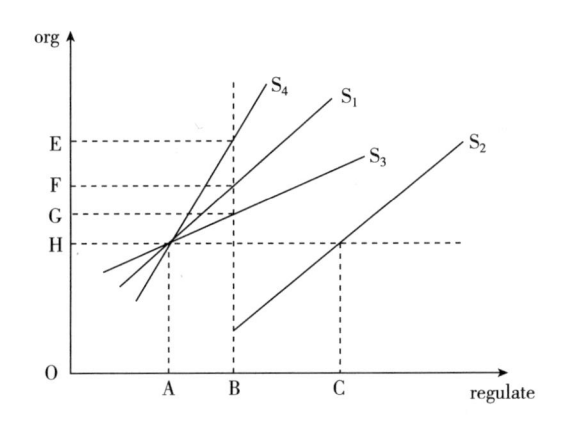

图 3-2 市场组织模式与养殖户使用兽药行为的关系

假设 S_1 为斜率在不变情况下养殖户兽药使用行为规范性曲线,即市场组织模式服务功能越强大或激励越多,养殖户兽药使用行为越规范。那么,在市场组织模式水平不变的情况下,政府从公共服务角度,在一段时间内集中对生猪产品进行食品质量安全的监督和抽查工作（例如，对于"瘦肉精"残留的检测），那么养殖户使用兽药的规范性可能会获得较大程度的提高，即图中 S_1 曲线向右平移到 S_2 曲线，从养殖户使用兽药行为规范程度来看，OC 要大于 OA。如果考虑到市场组织模式对养殖户兽药行为的影响，那么 S_1 曲线的斜率就可能会发生变化，市场组织模式对农户所提供的激励作用，在一定程度上会使养殖户使用兽药行为规范性曲线的斜率更低，即由 S_1 曲线转动为 S_3 曲线，此时通过比较发现，在提供相同的使用兽药行为规范程度 OB 时，S_3 曲线上养殖户所需要的市场服务水平更低，表明养殖户受到与市场组织所签订合同的约束，对自己的产品质量安全更加关注，因此，对于生产环节中生产资料的投放更加"谨慎"。相反，对于获得市场组织激励作用较少的养殖户而言，其行为曲线所对应的斜率就可能变大，即由 S_1 曲线变为 S_4 曲线，那么只有获得更多来自组织方面的服务和帮助才能维持较高的使用兽药规范水平。

第三节 本章小结

本章在前文的基础上，分别讨论并分析了政府规制（监管和激励）、市场因素（市场收益和市场组织模式）与生猪养殖户使用兽药行为的逻辑理论关系，深入探讨了政府规制、市场因素可能对养殖户兽药使用行为规范性造成的影响，而且据此提出具体的假设。通过上述的分析可以初步得出如下结论。

第一，有理由认为，政府规制是影响养殖户兽药使用行为的主要因素，政府规制应进一步降低规制成本，提高政府规制效率，适当提高对不规范养殖行为的处罚力度。

第二，市场因素对养殖户使用兽药行为具有较强的影响力，在不完全信息市场上，养殖户有可能会通过不规范使用兽药谋求更大的市场收益，市场组织所提供的服务对于规范养殖户兽药使用行为具有正向的激励作用。为此，笔者将在下面章节分别展开具体讨论和实证检验。

第四章 政府规制、市场因素与生猪养殖户使用兽药情况

本章主要描述生猪行业政府规制现状、市场收益与养殖户生产行为、市场组织模式与养殖户生产行为关系,对辽宁省生猪养殖户使用兽药种类、使用兽药数量和使用兽药规范性情况进行描述,以便能够理解三者之间的关系。

第一节 生猪行业政府规制

猪肉的质量安全具有商品和公共品的双重属性,完全依靠市场调节是不合适的,政府必须要发挥宏观调控的功能。本章在分析生猪行业政府规制时,参照张园园、孙世民(2015)对于猪肉质量安全政府规制的机制框架,并适当修改,分别从政府支持体系、监督控制体系、公共服务体系,以及市场信息体系四个体系进行分析,力图说明生猪行业政府规制现状以及政府规制对农户生产行为可能产生的影响(见图4-1)。

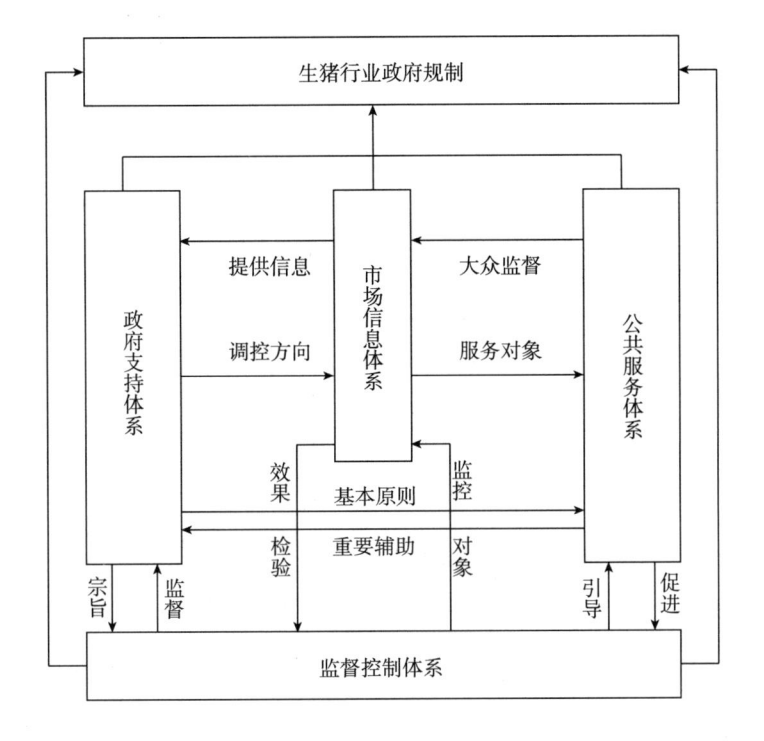

图4-1 生猪行业政府规制的机制框架

一、政府支持体系

政府支持是指政府根据生猪产业的发展现状、国内外生猪产业的发展趋势等因素来决定对生猪产业提供资金和基础设施上的帮助和支持。2012年政府对每头能繁母猪给予100元的补贴用以鼓励农户饲养能繁母猪；2014年政府为支持养殖场（户）使用优质的种猪精液，对每头母猪补贴40元，合计共投入补贴金额12亿元[①]；对每头病死的生猪进行无害化处理的费用定为80元；同时强化生猪行业的信贷业务，扩大生猪保险的参保覆盖率。根据本书的研究

---

① 中国饲料行业信息网，http://www.feedtrade.com.cn/news/china/2015-05-06/2022834.html。

目的,政府对于农户所提供的政策支持主要体现在为农户提供各种生猪养殖方面的补贴。

从表4-1中可以看出,农户在生猪养殖过程中所获补贴主要有两种,分别为能繁母猪补贴和生猪保险。其中,养殖户所获得100元的能繁母猪补贴是以现金的形式直接发放到农户手中,资金来源为市、县两级财政按照6:4的比例共同承担。生猪保险主要是指能繁母猪保险,保险母猪的范围是8月龄以上至4周岁以下的猪群,每头能繁母猪的保费是60元,农户自己承担12元,其他部分由中央和地方各级政府按照一定比例来承担另外的80%。农户没有享受到扑杀补助的原因主要是在所调查区域内,并没有发生重大的动物疫情。因此,政府没有对动物进行扑杀,所以就谈不上对养殖户施行扑杀补助。所调查的养殖户的饲养条件没有符合规模猪场扶持的指标。良种补贴是政府为了在生猪饲养者中推广人工授精技术,从而优化生猪良种化水平,而直接对公猪站或繁育场给予的支持补贴,农户在使用生猪精液时所支付的价格,是补贴后的价格。但由于生猪良种补贴不是直接补贴给农户,因此,存在部分养殖户对于良种补贴的政策不是很了解的情况。另外,良种补贴要求能繁母猪存栏2万头以上的县域内,且生猪人工授精普及率达到30%以上,技术服务网络健全,只有满足以上条件的母猪散养户和规模养殖场才能获得该项补贴①。

表4-1 生猪行业政策支持项目

补贴项目	能繁母猪补贴	生猪保险	扑杀补助	规模猪场扶持	良种补贴
是否补贴	√	√	×	×	×

注:"√"是对该项进行了补贴,"×"是没有对该项进行补贴。
资料来源:根据实地调查整理获得。

---

① 广东省兽药信息网,http://www.gdivdc.com/news/cn/2015/0413/4185.html。

二、监督控制体系

随着"瘦肉精事件""速生鸡事件""兽药残留事件"等一系列食品安全问题的曝光,我国食品质量安全监督管理体系面临前所未有的挑战,对于政府监督管理问题的研究已经成为社会日益关注的问题。政府监管主要是监督执法人员依照国家的法律、法规对市场主体行为进行监督和管理,当发现生产主体行为与安全生产的目标相背离时,则可以对违法、违规行为进行纠偏。政府的监督管理体系主要包括国家的法律法规、政府部门管理和分工、产品质量安全标准的制定、生猪产品质量检验检疫与认证等,文中政府对生猪养殖户的监管规制主要体现在生猪出栏前的检验检疫以及饲养过程中的监督管理工作。

对出栏前生猪施行检验检疫,以"瘦肉精"和"兽药残留"等项目为主,抽检比例大概是3%~10%,如表4-2所示,所谓"瘦肉精"并不是单指某一种兽药的名称,而是指如盐酸克伦特罗(Clenbuterol)、莱克多巴胺(Ractopamine)等一系列对脂肪转化有抑制功能,能够促进动物瘦肉转化率的药物的统称。检测的方式主要是采取试纸验尿的方式来判断结果是否呈现阳性。从农户对检验检疫力度的评价来看,总体均值是2.32分,检验检疫力度中等偏下。

表4-2 生猪抽检项目

抽检项目	瘦肉精	重金属	兽药残留	水分	其他
是否抽检	√	×	√	×	×

注:"√"是对该项进行了抽检,"×"是没有对该项进行抽检。
资料来源:根据实地调查整理获得。

从当地政府(主要是畜牧兽医站)对农户养殖过程的监管来看,政府的监督管理次数平均是2.82次,且多少不定,有的农户每年接受检查10次,而有的没有。在主要疫情高发的季节,政府监管的次数会频繁一些,主要是通过宣传册(单)等形式向农户宣传防疫知识和违禁兽药的危害等。在监管过程中会重点检查农户是否在使用违禁兽药,例如,盐酸克伦特罗、莱克多巴胺、沙丁胺醇等与"瘦肉精"相关的兽药以及原料兽药的检查,对养殖户的免疫记录、消毒记录、兽药使用记录等内容也在检查的范围之内。

三、公共服务体系

公共服务是政府为满足社会和全体公民的共同消费需求,根据本国国情和经济社会发展的不同阶段,所提供的公共产品和服务。政府在生猪产业中所提供的公共服务主要体现在建立和完善生猪饲养和管理、屠宰加工与存储、消费与质量追溯等环节。以保障生猪产业投入品(兽药、饲料等)质量安全,政府组织实施兽药质量监管抽检制度对保障兽药质量安全发挥了重要作用。2013年,国家质检部门对市场上流通的兽药产品进行抽检15218批次,其中合格率为93.2%[1],并依法对生产不合格兽药的企业吊销生产许可证和已经取得的兽药产品批号,同时对不按国家的兽药产品标准生产产品和违规添加抗生素、违禁兽药和人用抗生素等违法行为进行严厉打击;加强口蹄疫、禽流感等国家重大传染性疾病疫苗质量的监督管理工作,重点保障疫苗品质和疫苗的有效供应,2013年对重大动物疫苗抽检共108批次,抽检合格率为99.1%,其中高致病性蓝耳病疫苗全部合格,猪瘟疫苗被抽检20批次,19个批次通过了检验,合格率为95%。为了考察国家对一类动物疾病免费强制免疫政策的工作,巩固生猪行业公共服务体系的建设,本部分将重点分析养殖户获得政府资助的免费动物疫苗情况。

---

[1] 《中国畜牧业年鉴》(2014)。

从表 4-3 可以看出，政府部门为养殖户所提供的免费疫苗包括口蹄疫疫苗、猪瘟疫苗和猪蓝耳病疫苗，主要是针对高度接触性传染病。但从实际的调研情况来看，有部分养殖户没有给自己家的猪接种免费领取的动物疫苗，原因是有些猪在接种疫苗后变现出应激反应，采食量下降，这种情况在国内其他地区也出现过①。因此，部分农户对政府提供的免费疫苗持观望态度，不敢轻易对猪群接种。具体的免疫剂量并没有统计整理到表 4-3 中，原因是农户需要根据所饲生猪体重来决定使用剂量，不能笼统地填写疫苗使用剂量。例如，对于养殖户注射生猪口蹄疫疫苗而言，25 公斤以下体重生猪注射 1 毫升/次，25 公斤以上体重生猪需注射 2 毫升/次。

表 4-3 生猪疫苗使用及政府支持

防疫疫苗	口蹄疫	猪瘟	猪丹毒	猪肺疫	猪蓝耳病	流行性腹泻
防疫次数	2~3	2	2	2	2	2
政府提供	√	√	×	×	√	×

注："√"是对该项进行了政府免费发放，"×"是对该项没有进行免费发放。
资料来源：根据调查数据整理获得。

四、市场信息体系

市场信息体系是针对生猪产业以及猪肉市场流通过程中开展的信息组织建设，主要包括信息人员队伍组建、信息采集、信息预测预警等方面的内容。政府组建市场信息体系的目的是解决信息流问题，建立完善的生猪市场信息，减少复杂的中间环节产生的交易费用，更好地实现生产与生产前资料采购的对接，以便于高效使用生产资料。政府在市场信息建设中，组建了一支技术优良

---

① 厦门农网，http://www.8min.com.cn/infolib/info-0707/0101012477.htm。

的畜牧业科技队伍，2013 年国家投资 1500 万元对辽宁省法库、辽中、康平等 44 个县（市、区）的县级畜牧推广部门补贴，用于全面提高政府信息推广体系的服务能力。同时，政府注重信息的传播渠道，广泛通过行业的网站、电视、报纸等渠道，为养殖场（户）提供及时有效的市场信息、生产技术、疾病防控等方面信息。此处重点对养殖户获取兽药使用方面信息的渠道进行分析（见表 4-4）。

表 4-4 养殖户使用兽药方面信息的来源渠道（选项可多选排序）

农户使用兽药信息来源	人数（人）	比例（%）
电视上的节目	30	5.15
广播中的节目	26	4.47
报纸、杂志广告	25	4.30
朋友或熟人的推荐	73	12.54
基层兽医	109	18.73
互联网上的信息	29	4.98
兽药、饲料零售店	163	28.01
厂家技术人员上门指导	58	9.97
自己的经验	69	11.85

资料来源：根据调研数据整理获得。

通过表 4-4 可以看出，现阶段养殖户获取兽药使用方面的信息主要有四种渠道，主要是"兽药、饲料零售店""基层兽医""朋友或熟人的推荐""自己的经验"。随着我国经济、科学技术的快速发展，养殖户能够获取信息的渠道越来越宽泛。但是养殖户由于自身条件的限制，并不能很好地利用这些途径，其获取兽药使用方面信息的渠道是非常传统的方式，以通过"兽药、饲料零售店"销售人员的推荐为 28.01% 和"基层兽医"的诊疗为 18.73% 为主要获取兽药使用信息的渠道,"朋友或熟人的推荐"对养殖户获取兽药信息也有一定影响,为12.54%。

第二节 生猪行业市场因素

一、市场收益与生猪养殖户生产行为

生猪养殖户总是把能够获得稳定的市场收入作为重要的参照标准,最大限度地保障家庭的生活支出,同时会对自身所要面对的各种生产成本和风险进行综合考虑。因此,可以认为,市场收益会影响农户饲养生猪的出栏量,饲养生猪的存栏量,在饲养过程中生产资料的投入数量和次数,其中也包括兽药的使用情况。生猪行业的市场收益,往往以出栏生猪的市场价格来衡量。因此,本部分以出栏生猪的市场价格来代表市场收益,进而说明其与生猪存栏量之间的关系,能够在一定程度上反映市场收益对生猪养殖户生产行为的影响。

从生猪价格和生猪年末存栏量变化趋势来看(见图4-2)[①],在2000~2003年,尽管生猪平均价格逐年提高,但生猪年末存栏量却在减少,两者变化趋势相反。2008~2009年这种变化特征表现得更为明显,生猪平均价格从14.87元/千克变为11.25元/千克,而2009年末生猪存栏量却同比增加1.52%。2010~2012年,生猪平均价格和年末存栏量的波动同向和反向共存。2005~2007年和2012~2014年这两个时间段,两者关系表现为同向变动趋势,

---

① 生猪价格数据来自中国畜牧业信息网,通过对2000~2014年月度待宰生猪价格,取其算术平均数来作为衡量生猪价格的数据指标;生猪年末存栏量数据来源于《中国统计年鉴》。

生猪价格变动会引起养殖决策的滞后效应，表现为生猪存栏量的变化较生猪平均价格波动延后且发生同向波动趋势。

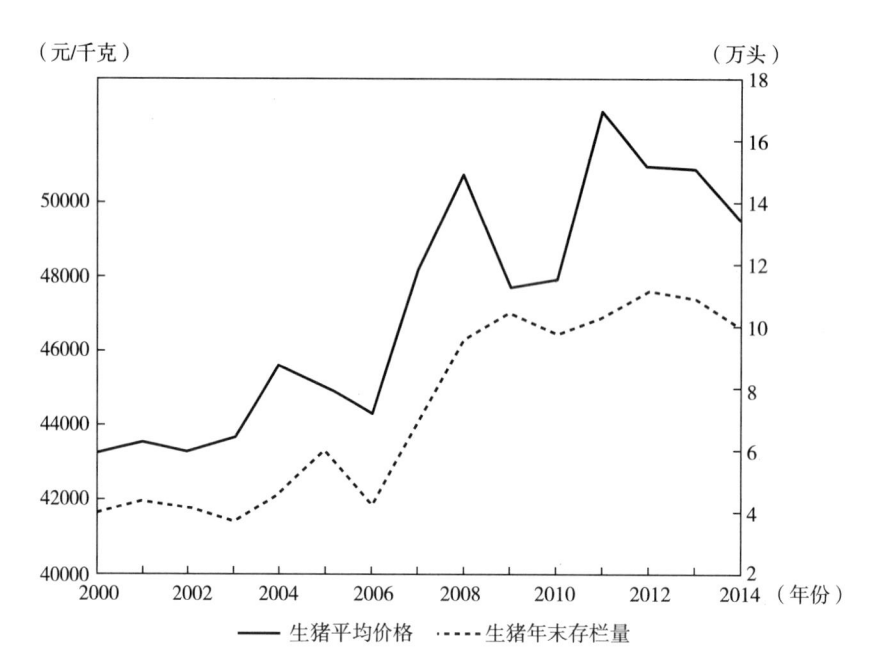

图 4-2　2000~2014 年生猪平均价格与生猪年末存栏量变化

二、市场组织模式与生猪养殖户生产行为

通过实地调查和查阅参考文献，对生猪产业链上的市场组织模式类型、组织模式功能进行分析和总结，从而为理解在市场组织模式背景下生猪养殖户生产行为的分析奠定基础，此处所指的市场组织模式是指养殖户与企业的联动模式。

1. 市场组织模型类型

近年来，生猪养殖户的组织化程度越来越高，具有向规模化和专业化养殖发展转变的趋势，就调研所获得的情况来看，农户和企业之间主要有以下三种合作模式。

(1)"公司+农户"模式。公司通过自建自养种猪场、仔猪繁育基地,为农户提供兽药、饲料、仔猪,当生猪育肥出栏后,按照双方约定的合同价格进行收购,在抵消之前公司提前预垫付的生产资料费用。优势是农户的养殖规模可以适度扩张,并且受到土地资源的束缚较小,资金也不需要一次性投入过多。这种模式的缺点在于,虽然其抗风险性强,但在食品安全性方面表现不足,问题的关键是不容易控制农户的生产行为,即农户如何投入生产资料以及生产资料的使用操作方法是否得当。同时,当市场行情上涨时,部分农户可能会失去诚信,将育肥猪转卖给其他收购商,公司存在一定的风险(不能尽快收入公司为养殖户垫付的兽药、饲料、仔猪等费用)。

(2)"公司+基地(园区)+农户"模式。由农牧企业和农户紧密合作,公司会为农户提供养猪的场所、兽药等所有养殖必备的生产资料,农户可以发挥自己在生猪养殖中的管理经验,根据所收获的养殖成果来获得相应收入。优势是便于实施统一的饲养管理制度、易于统一防疫和统一处理粪便等废弃物,公司与农户之间可以保持良好的合作伙伴关系,能够在养殖的过程中充分调动农户的生产积极性,且公司服务对于提高农户养殖技术水平有很大帮助。劣势是养殖户不容易进行生产规模的扩张,在短期内的发展会受到专业技术人员数量的制约。

(3)"公司+专合组织(协会)+农户"模式。大多数的养猪合作社是由政府、协会和有组织能力的农民发起,专业合作社能够获得政府给予的政策和资金上的扶持,并利用自身优势,组织农户从事标准化生产,进而实现农民收入的持续增加和促进生猪产业的有序发展。

2. 市场组织模式功能

农牧企业和养殖户有机联合,形成利益共同体进入市场,在养殖户生产过程中,充分发挥着"降低成本""开拓市场""抵御风险"等功能,共同保障生猪产品质量安全。市场组织模式功能如表 4-5 所示。

表 4-5 市场组织模式功能评价统计

变量	均值	标准差	最大值	最小值
统一饲料	4.23	0.57	5	1
统一兽药	4.68	0.81	5	1
统一销售	4.54	0.49	5	1
技术服务	3.02	0.94	5	1

注：1=没有，2=不满意，3=一般，4=满意，5=非常满意。
资料来源：根据调查数据整理获得。

（1）降低成本功能。在市场经济条件下，规模效益是最大的效益，产业链组织可以将分散的农民组织到一起，提高农民组织化程度。其中，农户对组织集中采购兽药的满意度较高，平均分是 4.68 分，对饲料的满意度平均分是 4.23 分。企业集中采购生产资料，由于购买量较大，不仅能够获得价格上的优惠，而且也能保障所购生产资料的质量安全，因此，可以有利于降低农民的生产成本，提高农户养殖收益。

（2）开拓市场功能。解决农产品"卖难"的问题是提高农民收入的关键所在，而生猪产业组织能够很好地解决这一问题，通过这一组织模式，能够在成员内部先进行沟通信息，调剂余缺，同时组织的领导人对农产品的市场行情一般都比较了解，能够很好地拓展农产品销售，农户对于组织统一销售生猪的满意度是 4.54，标准差是 0.49，表明绝大多数农户对组织统一销售产品十分满意。

（3）抵御风险功能。当前，我国农业的社会化服务体系还很不完善，农民扩大养殖规模存在很多的不确定性，其中既有自然风险，也有市场风险，还有资金和技术风险等。农户通过和农牧企业进行合作沟通，能够获得全程化、系统化的服务，在合作的过程中，企业统一技术服务、统一质量标准和统一收购育肥猪，有效地降低扩大生产可能面临的风险。农户对技术服务的满意度得分是3.02，表明农户在养殖过程中，还亟须解决生产技术方面的困惑，而产业化组织模式能够较好地帮助农户解决这个难题。

第三节 生猪养殖户使用兽药情况分析

农户是生产资料的直接使用者，也是决定农产品质量安全的关键因素之一。很多养猪户在养殖过程中存在不规范使用兽药行为，具体表现为使用违禁兽药行为、超剂量超范围使用兽药、大剂量使用广谱抗生素类兽药、不执行兽药休药期的规定和不按疗程使用兽药等诸多问题。

一、生猪养殖户使用违禁兽药情况

为了考察生猪养殖户使用兽药的种类，即养殖过程中农户是否存在使用违禁兽药的现象，在调查问卷的设计中以养殖户所用兽药名称作为判断依据。调查结果表明：养殖户存在使用违禁兽药的情况，一个非常重要的原因是农户看重了违禁兽药的药效和成本因素。以"氯丙嗪"为例，"氯丙嗪"能够降低动物活动性减少动物消耗，在一定程度上具有促进动物生长的作用，而兽药价格却低于同类药物的售价。养殖户在选择兽药时，除了会使用违禁兽药之外，还存在过分依赖抗生素类兽药防治动物疾病的问题。目前生猪养殖户常使用的兽药有66种，其中养殖户使用种类最多的兽药主要是抗生素类兽药（36种），占所用兽药种类的54.55%（见表4-6），袁超（2009）也认为，农户存在过分依赖抗生素类兽药的情况。2013年我国抗生素类药物使用量约为16.2万吨，其中人用抗生素药物占到总量的48%，其余均为兽药抗生素，抗生素类药物的广泛使用会导致细菌毒株产生耐药性，从而不利于疾病的治疗。

表4-6 农户使用兽药的种类、名称与说明

类别	药物名称	功能说明
神经系统药物	阿托品、**氯丙嗪**、安钠咖	中枢神经药物主要是影响递质和受体；外周神经系统药物包括传出神经药物和传入神经药物；部分药物在动物用药后，明显减少自发性活动，使动物安静，减少能量消耗
消化系统药物	大黄、黄白痢停、黄连素	消化系统药物包括健胃药、助消化药、泻药、止泻药、制酵药、催吐药和止吐药等
生殖系统药物	雌二醇、氯前列烯醇、催奶灵	生殖激素异常所引起的产科疾病，所用药物主要有生殖激素类和催产素等
皮质激素类药物	地塞米松、肾上腺素、催产素	糖皮质激素在药理治疗剂量下，表现出良好的抗炎、抗过敏、抗毒素作用
解热镇痛抗炎药物	安乃近、氨基比林、阿司匹林、安痛定	解热镇痛，治疗炎症或风湿等作用
水盐代谢调节和营养药物	氯化钠、硫酸铜、维生素C、维生素B	具有调节酸碱平衡和维持细胞结构；营养药包括钙、磷、微量元素和维生素
抗微生物	阿莫西林、青霉素、链霉素、土霉素、氯霉素、庆大霉素、乙酰甲喹（利菌灵）、**甲硝唑**、克林霉素、氟苯尼考、**呋喃唑酮（痢特灵）**、新霉素、四环素、吗啉胍（病毒灵）、磺胺嘧啶、磺胺间甲氧嘧啶钠、磺胺对甲氧嘧啶、多西环素、氨苄西林、阿奇霉素、红霉素、恩诺沙星、环丙沙星、头孢噻呋钠、头孢噻呋、**利巴韦林（病毒唑）**、**泰乐菌素**、替米考星、卡那霉素、阿米卡星、林可霉素、金霉素、多西四环素（强力霉素）、杆菌肽锌、泰妙菌素（支原净）、磺胺二甲氧嘧啶	具有抑制病原微生物，杀灭细菌的功效，一般根据化学结构分为β-内酰胺类、氨基糖苷类、四环素类和氯霉素类等。泰乐菌素对猪有促生长作用，呋喃唑酮有致癌和致突变作用，国家禁止使用

续表

类别	药物名称	功能说明
消毒防腐药	高锰酸钾、烧碱、季铵盐类、醛类消毒药	消毒药主要用于环境、用具和器械等非生物体表的微生物感染；防腐药用于抑制局部皮肤、创伤等生物体表的微生物感染
抗寄生虫药	敌百虫、伊维菌素、左旋咪唑、丙硫苯咪唑、阿维菌素、贝尼尔（血虫净）	用于驱除和杀灭体内外寄生虫的药物，可分为抗蠕虫药、抗原虫药和杀虫药

资料来源：笔者根据调研问卷整理获得，此表中未列养殖户所使用的生猪免疫疫苗名称，表中加粗的兽药名称表示农户所使用过的禁用兽药种类。

二、生猪养殖户过量使用兽药情况

为了考察养殖户使用兽药数量是否规范，即养殖户是否存在过量使用兽药的行为，在调查问卷的设计中，以是否按兽药使用说明书规定剂量作为判断依据，共分为：比说明书标准少、按说明书标准、比说明书标准多和比较随意4类，统计结果如图4-3所示，可以看出，选择比说明书标准少的养殖户有12人，占样本量的9.05%；选择按说明书标准的养殖户有112人，占样本量的48.28%；选择比说明书标准多的养殖户有73人，占样本量的31.47%；选择比较随意的养殖户有35人，占样本量的11.20%。这一结果表明，尽管绝大多数的养殖户能够按照说明书标准剂量来使用兽药，但是仍然存在一部分养殖户过量使用兽药和使用兽药剂量比较随意，从而为兽药残留和危害人体健康埋下隐患。

三、生猪养殖户安全使用兽药情况

在研究生猪养殖户使用兽药行为的过程中，除了要考虑其选取兽药的种类以及使用兽药的数量之外，还要对养殖户使用兽药是否规范进行思考，而对于

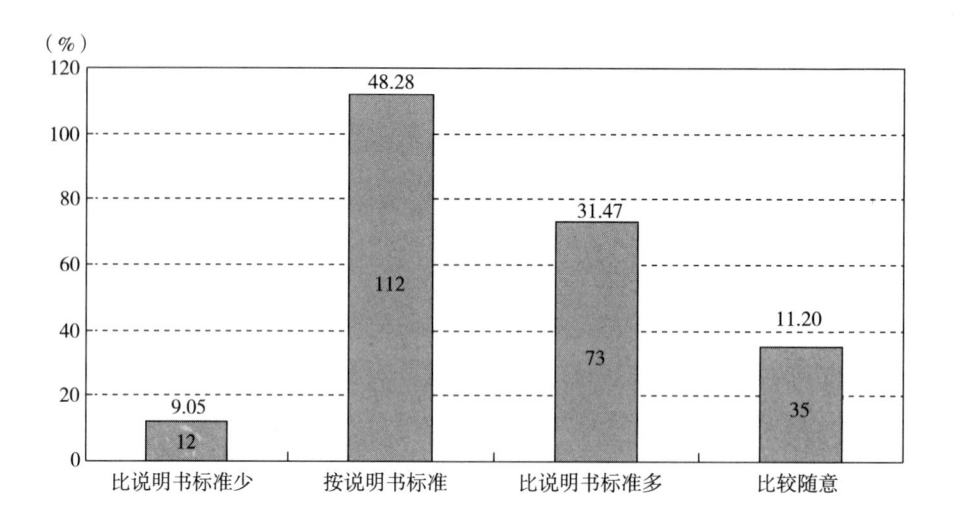

图4-3 样本养殖户兽药用量选择情况

资料来源：根据调研问卷整理获得。

养殖户使用兽药的规范性主要体现在农户使用兽药行为是否符合国家法律、法规的规定，即所用兽药质量安全、了解兽药处方药、对用药情况进行记录和了解兽药休药期等方面，如果养殖户使用兽药行为是规范的，那么也可以认为，其符合安全使用兽药行为的界定，对于养殖户使用兽药规范性分析结果请见第七章第二节内容。

第四节 本章小结

本章主要从生猪行业的政府规制、市场因素与农户生产行为的关系以及养殖户使用兽药行为情况三个方面进行现状描述，具体分析情况有如下三点：

第四章 政府规制、市场因素与生猪养殖户使用兽药情况

第一，政府规制主要通过政府支持、监督控制、公共服务以及市场信息四个体系来规制生猪行业，进而影响养殖户生产行为。其中，政府为每头能繁母猪提供100元的补贴，直接以现金的形式发放给养殖户，同时政府进一步加大对生猪保险和良种补贴的支持力度；政府对出栏前生猪检验检疫的项目主要是抽检"瘦肉精"残留问题，通过试纸验尿的方法可以直接判断生猪体内是否残留"瘦肉精"；政府部门所提供的免费疫苗主要包括口蹄疫疫苗、猪瘟疫苗和高致病性猪蓝耳病疫苗。但是，由于部分农户担心疫苗质量，有自掏腰包购买商品疫苗的情况；养殖户在使用兽药方面的信息渠道主要是通过"兽药、饲料零售店"的销售人员介绍为28.01%和"基层兽医"的诊疗为18.73%，"朋友或熟人的推荐"对养殖户获取兽药信息也有一定影响，为12.54%。

第二，市场因素可以分为市场收益保障和市场组织模式。其中，市场收益主要体现在生猪出栏价格的高低，生猪出栏价格与农户生产行为密切相关，农户养殖决策行为受到出栏价格的影响且具有滞后效应。农户与农牧企业主要是通过"公司＋农户"的模式进行合作，企业统一为养殖户提供兽药、饲料，统一销售生猪产品，能够在一定程度上降低养殖户生产成本、开拓市场，提高养殖户抵御外界风险的能力。

第三，养殖户使用兽药行为可以按照养殖户使用兽药行为的逻辑顺序，从使用兽药种类（是否使用违禁兽药）、使用兽药数量（是否过量使用兽药）和使用兽药操作规范性（安全使用兽药）三个层面进行分析。其中，养殖户存在使用违禁兽药的情况，选用违禁兽药的原因是能够在减少支出的同时取得较好的用药效果，养殖户所用兽药中54.55%的兽药是抗生素类兽药，说明动物诊疗过度依赖抗生素；养殖户中31.47%的人存在过量使用兽药行为，而11.20%的养殖户使用兽药剂量比较随意；除此之外，养殖户使用兽药行为操

作规范性也会影响出栏生猪产品质量安全。

总之，通过对生猪行业政府规制、市场因素和养殖户使用兽药行为情况描述，将会为实证分析养殖户使用违禁兽药行为、养殖户过量使用兽药行为和养殖户安全使用兽药行为做铺垫。

第五章　生猪养殖户使用违禁兽药行为研究

2015年7月28日国家食药监总局公布了5~6月畜禽肉抽检结果，雏鹰农牧集团生产的猪肉中检出违禁兽药氯霉素[①]，由广州市宝生园生产的老字号蜂蜜检出违禁兽药氯霉素[②]。于桂阳、郑春芳（2014）的调查结果表明，在蛋鸡生产的过程中，养殖户经常使用的兽药有48种，其中抗菌类兽药有23种，且少部分养殖户存在使用违禁兽药的行为。违禁兽药的添加对兽药行业以及食品安全带来了非常恶劣的影响（冯忠武，2004）。违禁药品能够通过食物链进入人体，它的滥用与乱用会导致人体新陈代谢的紊乱，对人体健康不利。对于国家已经明令禁止使用的违禁兽药品种，为什么养殖户还要使用呢？是养殖户不了解违禁兽药的种类？还是在已经知晓使用违禁兽药可能造成危害的情况下，依然出于某种目的而使用？对以上提出的问题在下面做出解释，能够更好地理解影响养殖户使用违禁兽药的原因，以及在此基础上规范养殖户的兽药使用行为，进而从生产者角度保障生猪食品安全。

[①] 中国兽药网，http://www.zgshouyao.roboo.com/web/news/295314/98954979984.htm。
[②] 中国菜谱网，http://www.chinacaipu.com/ys/ysys/jkys/90407_2.html。

首先，本章从理论上分析养殖户使用违禁兽药的原因；其次，利用辽宁省调查数据实证来分析养殖户使用违禁兽药的影响因素，在此基础上对养殖户使用违禁兽药做进一步分析，并回答了规范养殖户使用兽药行为的解决措施。

第一节　研究假设

农民的生计面临着高度的不确定性，包括市场不稳定、信息缺乏以及市场不完全等现象的存在，使农民通过表现一种规避风险的本能来实现农民的"生存算术"（Lipton，1968；宋圭武，1999）。就当今中国农村的养殖户而言，维持家庭生活的基本开销仍然是他们从事养殖生产的行为动机，养殖户的文化素养、价值取向以及风险偏好等内部因素都会对养殖户是否使用违禁兽药的行为产生影响（浦华、白裕兵，2014）。Lamichhane等（2012）通过对尼泊尔地区125名农户的调查研究发现，农户接受教育的程度和风险偏好类型对养殖户使用违禁兽药行为具有负向影响。风险规避型的养殖户为避免超标使用兽药带来的风险，也不会选择过量使用兽药（朱宁、秦富，2015）。学界关于农户风险问题的经验研究一方面是为了揭示农户风险偏好类型；另一方面是讨论农户不同风险偏好类型对农业生产的影响。研究者以主观概率理论为研究基础，借助于风险的客观指标（如价格变动、各季节产量变动等）来研究农民风险行为（Grisley and Kellog，1987）。Binswanger（1980）将确定性等价法用在风险经验的研究中，把农民的生产决策行为和农民的摸彩实验结果等价起来。我国学者黄季焜等（2008）、米建伟等（2012）、仇焕广等（2014）也借助于这种方法对农户风险规避程度进行实验测度。有学者指出，农民的风险偏好类型是风险规避型的，马述忠等（2003）通过研究农户对转基因作物的种植意愿发现，农户是有理性的，在面对不确定性因素时往往表现为风险规避的特征。但也不是所有研究结论都支持这个观点，例如，有学者应用"安全第一原则"对孟加拉国地区进行实地调研，结果表明中农规避风险，贫困农民偏好冒险（Parikh and Bernard，1988）。

假设1：农户的风险偏好和农户使用违禁兽药行为相关，风险爱好者倾向于使用违禁兽药来获取更多收入。

由于农民关于兽药使用方面的信息十分有限，而信息对于减少农民决策过程中的不确定性很重要（Quiroga et al.，2011），兽药质量安全方面的信息对生猪养殖户使用安全兽药的行为有较大的影响，农户掌握兽药方面的相关信息越多，越倾向于使用安全兽药（孙若愚等，2014）。因此，农民掌握有效的信息，也是影响农民应对不确定性、做出正确生产决策的重要条件，而信息的来源主要有两个途径：

一是农户从外界获取的信息。外部信息对农户采用何种技术选择有显著的影响，国内外专家学者的研究表明：信息获取程度的多少、是否愿意接受新的技术指导、非政府组织能否提供全面的技术推广服务、与农业技术推广机构联系是否紧密以及是否拥有农业科技书籍等都能对农户的技术采用行为起到不同程度的制约作用（Jamnick and Klindt，1985；Hoiberg and Hufman，1978；汪三贵等，1996；高启杰，2000）。也有研究表明，农民过量施用农药行为可能与所购农药的农业技术推广部门所提供的信息有关（黄季焜、齐亮、陈瑞剑，2008）。由于农民受到特殊条件的限制，对于辨别大部分不安全农药产品质量的能力较弱，农药零售商与果农之间存在较大程度的信息不对称，零售商推荐对于果农是否购买不安全农药起决定性作用（王永强、朱玉春，2012）。政府应加强对养鸡户在使用安全药品方面的技术、信息等支持力度（朱启荣，2008）。

二是农户自身对于兽药方面信息的获取。由于农民关于兽药使用方面的信息十分有限,而信息对于减少农民决策过程中的不确定性又很重要(Quiroga et al.,2011)。研究发现,在过量使用和违禁使用兽药等涉及食品安全的问题上,生猪养殖户的认知较低,这就导致在生猪养殖过程中其安全性得不到有力保障,影响农户认知程度的重要原因就是政府是否组织专业技术的培训(邬小撑等,2013)。

假设2:外部信息有效性和农户使用违禁兽药行为相关,外部信息有效有利于减少农户使用违禁兽药行为的发生。

第二节 养殖户使用违禁兽药的理论分析

一、基于期望效用理论的养殖户使用违禁兽药行为分析

John von Neumann 和 Oskar Morgenstern (1944) 在《对策论与经济行为》中提出期望效用函数,这也是经济学中首次严格定义风险。期望效用函数是定义在一个随机变量集合上的函数,该期望效用函数在一个随机变量上的取值等于它作为数值函数在该随机变量上取值的数学期望。用该函数对存在风险的利益进行度量,即通过"钱的函数的数学期望"进行比较。一个人依概率 p 获得 x,依概率 q 获得 y,其中,$x,y \geq 0$,$p+q=1$,如果 (x,y,p) 是一个期望函数,则有:

$$u[(x,y,p)] = pu(x) + qu(y) = pu(x) + (1-p)u(y) \tag{5-1}$$

其中,$u(\cdot)$ 为预期效用函数;p 为权重。

期望效用理论强调，个人对于不确定性事件以及事件的后果有着自己的主观判断，个人在选择中追求期望效用的最大化，可以用期望函数 $u[(x, y, p)]$ 来表示。同时个体通过具有逻辑上的偏好选择顺序来面对不同可能性选择。并通过将期望函数 $u[(x, y, p)]$ 与确定性等价 $u[px+(1-p)y]$ 进行相互比较大小，最终可以确定个人的风险偏好类型。期望效用理论的核心概念就是确定性等价 $u[px+(1-p)y]$，因为只有通过确定性等价才能比较风险程度的不同选择。如果 $u[(x, y, p)] = u[px+(1-p)y]$，则称该个人为风险中立者；如果 $u[(x, y, p)] > u[px+(1-p)y]$ 则称该个人为风险厌恶者，反之，如果 $u[(x, y, p)] < u[px+(1-p)y]$ 则为风险爱好者。

根据期望效用理论，我们将农户在生猪养殖过程中的使用兽药决策划分为使用违禁兽药和使用正常兽药两类，p_1 表示农户对使用违禁兽药可能性的估计与评价；p_2 表示农户对使用正常兽药可能的估计与评价；$u(x)$ 代表农户使用违禁兽药所能获得的价值；$u(y)$ 代表农户使用正常兽药所能获得的价值。则农户使用兽药的期望效用和确定性等价（预期效用的平均值）分别表示为：

$$u[(x, y, p)] = p_1 u(x) + p_2 u(y) \tag{5-2}$$

$$\bar{u} = u(p_1 x + p_2 y) \tag{5-3}$$

根据已有的文献，农户在养殖过程中存在着使用违禁兽药的情况，其根本目的在于通过使用违禁兽药行为，达到降低动物死亡率，促进动物生长，改善动物产品品质等目的（冯忠武，2004）。为了更好地说明风险偏好类型与农户使用违禁兽药之间的关系，本书绘制了在疾病风险条件下，农户的生产决策行为（见图 5-1）。并假设农户使用违禁兽药所能获得的效用是 $u(x)$，正规使用兽药所能获得的效用是 $u(y)$，且 $u(x) > u(y)$，这种假设符合农户使用违禁兽药的目的，即获得更大的效用收益。而确定性等价[$\overline{u}=u(p_1x+p_2y)$]表示的是一条逐渐上升的直线。对于爱冒风险的农民而言，尽管在这个农民的头脑中只有 p_1 的概率，能够获得最大可能的效用收益 ae，但他仍然会抓住这次"机会"，即使用违规兽药量是 X_1，因此，风险偏好农民将对使用违禁兽药更加"感兴趣"。反之，对于风险规避型农户而言，会选择正规使用兽药，因为即使通过正规使用兽药来对生猪疾病进行预防和治疗，也会保障其获得可能的效用收益 cg，即使用违禁兽药量是 X_3，且 $X_3<X_1$，尽管所获效用收益小于 ae，但对于风险规避者来说则具有同等的效用或幸福。对于风险中立者来说，其违规使用兽药量为 X_2，获得的期望效用收益介于两者之间。

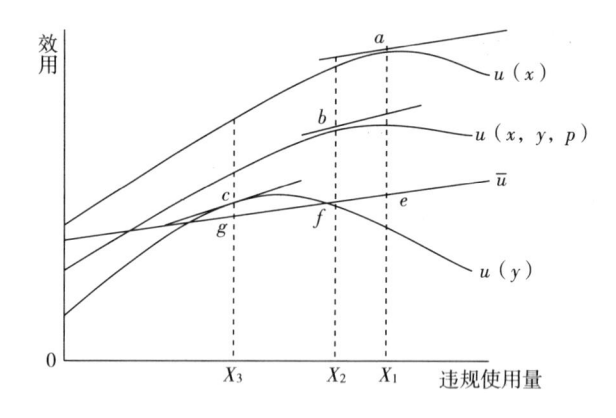

图 5-1 农户使用违禁兽药与所获效用关系

二、基于信息理论的养殖户使用违禁兽药行为分析

生猪养殖户在选购兽药时除了要面对价格的不确定性之外，更应该关注的是兽药性质及其质量的不确定性，通常可以通过获取外部信息来减少这种不确定性的可能，即外部信息是不确定性的"负量度"。肯尼斯·阿罗（1989）认

为，信息的非价格信号的经济关联可以变现为两个方面：一是信息具有一定的价值，特别是经济价值，因而，即使需要付出一定的代价也值得获得和传播它；二是不同的个人（或个体）有不同的信息。由此，我们得出一个有意义的启示，即不同行为主体拥有不同的信息资源，相关行为主体在进行信息"交流"的过程中，可能会由于信息本身所具有的"经济价值"，而导致占有信息方故意隐瞒其掌握的信息内容，从而出现信息失效的情况，而从获取信息的渠道来看，农户可以从外部获取信息，也可以通过自身的学习，掌握对生产有价值的相关信息资源。

由于农户自身禀赋的限制，在养殖过程中使用兽药时会在很大程度上依赖于外部获取的信息，因此，外部信息的有效性对生产而言至关重要。由于信息在不同行为主体之间的非对称性，拥有信息量大的一方占有优势地位，信息提供方和获取方之间极易产生逆向选择现象。例如，当农户在选购兽药时，通常会咨询兽药零售商，哪种兽药适合治疗某些症状的动物疾病，这时零售商可以利用自己掌握的信息优势，为农户推荐质量有保障且价格较高的兽药，或价格低廉质量没有保障的劣质兽药，更为关键的问题是，我国《食品动物禁用的兽药及其他化合物清单》中所列的兽药，有一部分是可以作为其他用途的兽药，即在别的地方可以允许使用，农户根本没办法识别这些用药信息，在不完全获得信息的前提下，会不由自主地接受零售商的推荐。还有一个方面的原因是我国农用物资生产经营主体呈现小规模经营的特点，经营自律性差，一些禁用兽药药效较好且生产者不容易或找不到替代产品时，禁用兽药可能会拥有属于自己的产品"市场"。

第三节 数据来源

一、样本选择说明

本书对辽宁省生猪养殖户兽药使用行为展开分析,选取锦州、鞍山、盘锦和丹东四个地区作为样本对象,原因主要有两点:一是从相关文献来看,关于东北地区生猪养殖户兽药使用行为的研究非常少,锦州等市是辽宁省重要的农业生产基地,研究其养殖户在政府规制、市场因素的条件下,兽药使用行为具有较强的区域代表性;二是据《辽宁统计年鉴》显示,2013 年中黑山、义县和凌海的年末生猪出栏头数是 146.55 万头,占辽宁省年末生猪出栏头数的 15.17%[①]。另外,从乡村从业人员来看,锦州等样本地区从事农林牧渔业人数所占比重都很高,因而有必要厘清样本地区生猪养殖户兽药使用行为的现状和问题,为辽宁省生猪产业发展提供实证分析。

二、调研方法

为了确保调研质量,首先,对已设计的问题在课题组成员之间展开讨论;其次,对存在争议的问题进行修改;最后,统一问卷内容,开始调研。具体调研过程由调研员提出问题并做好相关记录,调研当天结束后,采用调研员自查和互查的形式对问卷进行核对。根据辽宁省统计资料和对相关辖区的了解,广

[①] 《辽宁统计年鉴》(2014)。

泛采用系统抽样的方法，以确保样本分布均匀。调查对象主要面向辽宁省生猪养殖户，调研共收入问卷260份，但由于某些样本数据存在缺失值，剔除后共获得有效问卷232份。

后续写作，各章节统计和模型估计，如果没有特别指出，均来自本章数据，后文不再赘述。

第四节 变量设定

一、被解释变量：养殖户使用违禁兽药

通过上文的统计分析可知，目前生猪养殖农户常使用的兽药有66种，其中农户使用数量最多的兽药主要是抗生素类兽药（36种），占所用兽药种类的54.55%，其中农户使用过的违禁兽药共有5种，分别是氯丙嗪、泰乐菌素、甲硝唑、利巴韦林（病毒唑）和呋喃唑酮（痢特灵），占所用全部兽药种类的6.06%。在调研过程中，为了不引起农户注意，问卷中并未提及禁用兽药的说法，而是采用两种方式询问农户所用兽药的情况（农户可以在两种形式中任选其一回答），一种形式是让农户自己填写所使用兽药名称以及兽药的用途；另一种形式是将禁用兽药——甲硝唑、氯丙嗪和呋喃唑酮等作为"您在养殖过程中都使用了什么兽药？"问题的备选答案选项。调研结果表明，有17%的农户在生猪养殖过程中曾经使用过违禁兽药，有农户使用了禁用兽药呋喃唑酮用于治疗细菌感染所引发的动物发热，还有8.62%的农户将氯丙嗪等药物作为添加剂，以此促进生猪生长，缩短生猪的出栏时间，农户的这些使用违禁兽

药的行为都将直接影响生猪质量安全和威胁消费者身体健康。

在此,需要说明农户在生产过程中要使用违禁兽药的动机。第一,农户使用违禁兽药的根本目的是促进动物生长,以"氯丙嗪"为例,"盐酸氯丙嗪"不仅是作用于神经系统的精神类药物,可以有效地防止动物狂躁,降低动物兴奋度,同时起到减少动物运动量即降低动物能量消耗的作用,即对动物生长起到促进作用,与此同时,"盐酸氯丙嗪"还是一种广谱抑菌药物,能够有效地针对畜禽肠道感染,对仔猪黄痢和仔猪白痢有显著的治疗效果。第二,国家规定的禁用兽药有一部分对于畜禽动物治疗的效果比较好,虽然其替代的药品效果相近,但是价格却很贵。第三,一些不法的兽药销售店,能够为禁用兽药的使用提供供货渠道,兽药零售商在为农户提供兽药信息时,故意隐去对其销售不利的信息,仅仅强调兽药的使用效果,而农户最看重的也是兽药的使用效果,并不了解所购兽药的真实信息;且政府对生猪产业的"规制"效率较低。因此,农户在生产过程中,从节约成本,获取更大市场收益的角度出发,有可能会选择使用违禁兽药。

二、核心解释变量

基于上文分析,农户在生猪疾病诊断和治疗过程中,所使用违禁兽药行为可能会受到两种因素的影响,即农户风险偏好类型以及信息的有效性。由于农户可能饲养动物种类繁多,所使用兽药情况很难全面获得,基于本书研究对象的设定和对农户理解程度的考虑,调查时仅以养猪农户风险偏好与有价值信息来源作为目标变量,对农户使用违禁兽药行为进行考察。选择养猪业主要是由于猪肉是我国居民消费比重最大的肉类产品,对生猪产业中农户用药行为研究对于其他产业的生产行为也有参照意义。

在发展中国家,农民家庭的生活缺乏保障是一个重要问题,面对随处可见的不确定性,对农户所具有的风险偏好类型进行度量十分困难,而以往学者借助于风险经验研究的方法,利用应用确定性等价方法将农民摸彩与农民决策偏好等同起来。但是由于很多农民将摸彩实验当作游戏,而没有联系到自身的生产情况,因此,这个结果可能并不能很好地反映影响其生存状况条件的风险态度问题(Berry,1980),而本书认为,农户的风险偏好类型可以用"农民是否购买农业政策性保险"指标来衡量,之所以使用这个指标,是因为购买农业政策性保险是农民规避风险的重要表现,购买了保险的农民更加厌恶风险,通过购买保险的形式,将自己在生产过程中所面临的自然风险和市场风险一部分转嫁给保险公司。农户越规避风险,其参与生猪保险的可能性就越大(钟杨等,2014),从已有的研究成果来看,用"农户是否购买农业政策性保险"这一指标作为其风险偏好或风险态度的代理变量具有一定的合理性(蔡键,2014;叶明华等,2014)。从具体的调研结果来看,有26.18%的农户购买了农业政策性保险,剩余73.82%的农户没有购买任何形式的保险,从这些数据可以看出,农户对于保险投保的积极性不是很高。除农户的风险偏好类型以外,如果由农户本人亲自来判断兽药信息的有效性,那么可能会出现判断错误或过度判断等主观臆断现象,为了考察对农户使用兽药有价值的信息是来自外部信息还是农户自身,我们设计了问题"最有用的兽药使用信息是否来自自身经验以外的其他信息",调研结果表明,有60.52%的农户回答对其使用兽药最有价值的信息来自外部,而有39.48%的农户认为,自身经验对其使用兽药起决定性作用。

政府规制作为一种正式的制度对于规范养殖户使用兽药行为,在一定程度上限制养殖户使用违禁兽药。一方面,政府规制是通过依照法律法规对养殖户生产行为进行监管。从调查结果来看(见表5-1),有24%的养殖户在生猪出栏前接受过规制人员的检验检疫,在养殖过程中有29%的养殖户在政府部门的监管下从事生产。另一方面，政府规制表现为政府对于养殖生产行为的激励性规制，这种规制行为是政府从社会福利最大化角度所采取的行为，由政府的财政支付成本，有91%的养殖户接受过政府的养殖补贴，主要是对能繁母猪的补贴项目。

表5-1 变量含义及统计特征

类别	变量名称	解释	均值	标准差
	违禁兽药行为	使用过违禁兽药=1，没使用过=0	0.17	0.38
风险偏好	保险	是否购买农业政策性保险；购买=1，没有购买=0	0.26	0.44
信息有效性	信息	最有用的兽药信息来源；外部信息=1，自身经验=0	0.39	0.49
政府规制	补贴	政府是否提供补贴；是=1，否=0	0.91	0.36
	售前检验检疫	售前是否有相关检验检疫；是=1，否=0	0.24	0.43
	养殖监管	养殖过程中是否有部门监管；是=1，否=0	0.29	0.47
市场组织模式	企业合作	是否与相关企业合作；是=1，否=0	0.75	0.44
市场收益保证	价格影响	使用兽药能使生猪卖个好价；是=1，否=0	0.67	0.47
控制变量	性别	男=1，女=0	0.71	0.46
	受教育程度	小学及以下=1，初中或中专=2，高中=3，大专=4，本科及以上=5	2.12	0.74
	养殖年限	从开始养猪的年份算起（年）	6.98	4.79
	养殖规模	用2013年存栏头数表示（头）	46.02	61.23

资料来源：根据调研数据整理获得。

养殖户使用违禁兽药的一个出发点，最终还是为了获取更大的市场收益，即获得更好的市场价格，有67%的养殖户明确表示，依靠兽药会使生猪获得较好的出栏"卖相"。相关企业是与养殖户联系十分紧密的市场模式之一，在农户生产过程中发挥着重要的作用，企业可以通过为养殖户提供生产资料（兽药、饲料）以及签订产品质量标准等方式，对农户使用兽药行为起到引导性约束，使养殖户在选择兽药种类时更加规范。

三、控制变量

首先，从样本农户的个体特征来看，在样本农户中男性占了70.69%，较女性占比高出41.38%，如果假设抽查是充分随机的，那么说明生猪养殖农户中男性是主力；其次，从农户受教育程度来看，多数养殖户接受过中学的教育，且具有一定的养殖经验；最后，受调查的养殖户养殖规模较小，以散养和小规模养殖为主。

第五节 模型设定与估计

一、模型设定

由理论分析可以得出，农户个体所具有的风险偏好特征、信息有效性、政府规制和市场因素等变量在一定程度上影响农户使用违禁兽药行为。因此，接下来需要通过实证分析来检验，哪些因素会影响养殖户使用违禁兽药行为的发生？影响方向是否与所提假设相同？在此建立如下模型：

$$y = f(\text{insurance, information, subsidy, quarantine, regulation, enterprise,} \\ \text{price, gender, edu, year, scale, } x) \tag{5-4}$$

其中，y 代表养殖户使用违禁兽药行为，如果养殖户平时使用过违禁兽药 =1，否则 =0；自变量所代表的含义及赋值在表 5-1 中已给出具体的说明，x 表示除了已列出的解释变量以外，对养殖户使用违禁兽药行为有影响的因素。

基于便利性考虑，在此假设各自变量均以线性形式对因变量产生影响，故将式（5-4）转变为如式（5-5）所示的计量模型：

$$y = \alpha + \beta_1 \text{insurance} + \beta_2 \text{information} + \delta_1 \text{subsidy} + \delta_2 \text{quarantine} + \delta_3 \text{regulation} +$$
$$\delta_4 \text{enterprise} + \delta_5 \text{price} + \gamma_1 \text{gender} + \gamma_2 \text{edu} + \gamma_3 \text{year} + \gamma_4 \text{scale} + \varepsilon \quad (5-5)$$

其中，α 表示常数项，β、δ、γ 分别表示目标考察变量和控制变量的系数，ε 表示随机扰动项。值得注意的是，目标考察变量农户购买保险情况与最有用的兽药信息来源可能存在一定的相关性，为了获得严谨的估计结果，首先，对变量之间的相关性进行分析，通过分析证明变量之间的相关程度不强；其次，计算自变量的方差膨胀因子和容忍度，从而分析自变量的相关性能否对回归结果产生干扰，结果见表5-2，可以发现各个自变量之间不存在多重共线性问题，不会对回归结果产生影响。

表5-2 自变量方差膨胀因子与容忍度

变量	insurance	information	subsidy	quarantine	regulation	enterprise	price	性别（gender）	受教育程度（edu）	养殖年限（year）	养殖规模（scale）
VIF	1.197	1.490	1.073	1.113	1.056	1.249	1.124	1.079	1.119	1.104	1.066
1/VIF	0.835	0.671	0.932	0.898	0.947	0.801	0.890	0.927	0.894	0.906	0.938

注：当VIF>10时，就可以认为自变量间有比较严重的共线性。

二、养殖户使用违禁兽药影响因素的估计

基于式（5-5）的模型设计，对农户使用违禁兽药行为的影响因素进行估计，结果见表5-3。其中，（1）、（2）栏为采用OLS方法的线性概率回归结果，（3）、（4）栏为采用Logit模型的回归结果，并且（2）、（4）栏加入了

控制变量。

表 5-3 农户使用违禁兽药影响因素的模型估计结果

变量	(1)	(2)	(3)	(4)
insurance	-0.087*** (0.010)	-0.084** (0.014)	-2.444* (0.081)	-2.815 (0.168)
information	0.453*** (0.000)	0.458*** (0.000)	5.626*** (0.000)	6.815*** (0.000)
subsidy	0.020 (0.694)	0.023 (0.655)	0.910 (0.556)	1.481 (0.420)
quarantine	-0.068* (0.057)	-0.073** (0.043)	-2.619** (0.049)	-2.699* (0.069)
regulation	-0.050 (0.166)	-0.040 (0.270)	-1.328 (0.227)	-1.123 (0.391)
enterprise	-0.239*** (0.000)	-0.235*** (0.000)	-4.914*** (0.000)	-6.026*** (0.000)
price	0.092*** (0.008)	0.105*** (0.003)	2.555** (0.034)	3.083** (0.038)
性别（gender）		-0.025 (0.468)		-1.305 (0.261)
受教育程度（edu）		-0.045** (0.037)		-1.228* (0.078)
养殖年限（year）		-0.001 (0.789)		0.093 (0.471)
养殖规模（scale）		-0.001 (0.749)		-0.007 (0.359)
constant	0.188*** (0.003)	0.293*** (0.000)	-4.884** (0.016)	-3.426 (0.155)
Adjusted R-squared	0.622	0.623	0.819	0.849

注：***、**、*分别代表在1%、5%和10%的水平上显著；模型（3）和模型（4）中报告的为LR statistic；括号中为样本标准误。

三、变量解释

通过表 5-3 可以看出，农户风险偏好类型、兽药信息有效性、政府规制、市场因素以及农户样本特征变量等对养殖户使用违禁兽药行为的发生具有显著性影响，具体情况分析如下：

1. 农户风险偏好类型

农户风险偏好类型和兽药信息有效性在四次回归中均在1%或5%水平上显著。农户风险偏好系数为负，说明没有购买农业政策性保险的农户，即风险偏好型农户具有使用违禁兽药的动机，与所提假设1的结论是相符的，在本章描述性分析中，已对农户使用违禁兽药的动机做了分析，简单一句话概括就是，通过使用违禁兽药能够降低生产成本，同时促进动物快速生长和保障生猪的出栏率。假设农户对所要选购的兽药情况进行了解，那么风险偏好型农户有理由冒一定的"风险"来追求更高的市场收益，而这里需要规避的"风险"来自于政府部门的监管以及社会舆论和媒体的监督，但在我国当前的市场机制条件下，关于生猪质量安全方面的监管缺失，而社会舆论在发现问题时，又没有一个很好的溯源机制来保证一定能找到生猪的供货源头，因此，风险偏好型的农户越倾向于使用违禁兽药。而信息有效性的系数为正，表明对农户而言有效的兽药使用信息来自于外部，农户越趋向于使用违禁兽药，说明外部信息在规范农户兽药使用行为中所起的作用是负向的，即农户所获取的外部信息失效。

2. 兽药信息有效性

为了更好地解释外部信息失效的原因，本书对农户获取兽药信息的渠道进行了研究（见图 5-2），以农户选取"获取使用兽药方面信息的途径"第一个选项为统计依据。研究结果表明，对于农户而言，最主要的兽药信息渠道有四种，按照所占比重由高到低分别为"兽药、饲料零售店""基层兽医""朋友或熟人的推荐""电视上的节目"。在外部信息的获取中，首先，农户从"兽药、饲料零售店"获取的比例最高，为44.19%；其次，分别为"基层兽医"为24.65%和"朋友或熟人的推荐"为10.7%。尽管我国互联网技术已在全国范围内推广，农户能够获取信息的渠道越来越宽泛，但是由于农户自身条件的限制，其筛选和甄别有价值信息的能力并没有得到显著提升。兽药、饲料零售店是追求利益最大化的经济主体，销售人员会给农户提供不完全信息或不对称的信息，在销售兽药过程中会过分强调兽药的优点及正面作用（如防治病效果好，动物长得快），并弱化兽药的负面影响（对环境有污染、对人体健康的危害等）。在我国基层兽医主要是乡镇兽医站下设的个人承包兽医人员和聘用的农村"土兽医"。由于兽医从业人员业务素质普遍较低，加之人口老龄化现象严重，致使新科技很难转化为生产力，很难为养殖户增创经济效益（金建强，2013）。因此，基于以上的外部信息获取渠道分析，外部信息失效的原因主要是零售店为农户提供了不完全信息和基层兽医体制不完善等问题。

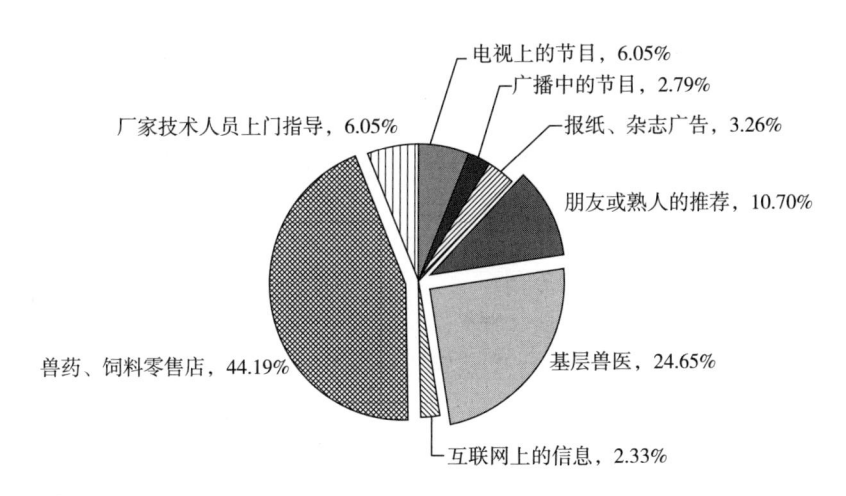

图5-2 农户获取外部兽药信息的途径

3. 在政府规制方面

出栏前生猪的检验检疫在四次回归中对养殖户使用违禁兽药行为具有显著的负向影响。政府监管对于规范养殖户生产资料的使用行为有较大影响,政府监管力度越大,养殖户采取人药兽用行为的概率越低(吴林海、谢旭燕;2015)。然而毕竟还要考虑政府规制所需要支付的"成本"以及规制效率的高低。在当前一个阶段,要努力改变养殖户"守法成本高于违法成本"的格局,必须尽快缓和有限的监管力量和无限的监管对象之间的矛盾、而政府为养殖户所提供的补贴并没有减少养殖户使用违禁兽药,表明政府规制对农户生产行为的激励措施并没有发挥作用,未来可以考虑转变对农户激励的方式和提高政府规制水平,政府规制不仅要体现在"监管"上,更要以恰当适合的"激励"措施鼓励农户提供质量安全的生猪产品,从而促进生猪产业的健康发展。

4. 在市场因素方面

养殖户与相关企业合作以及市场价格因素对养殖户使用违禁兽药行为具有显著的影响。市场收益价格在5%或1%水平上正向影响养殖户使用违禁兽药行为,说明农户对于市场价格的"追求"是其使用违禁兽药的主要原因,浦华、白裕兵(2014)认为,养殖利润率影响养殖户使用兽药的违禁行为,农户不得不依靠药物稳定出栏量,而无暇顾及产品质量。在超额利润的吸引下,农户无视违禁兽药可能造成的危害,非法添加"呋喃它酮"等违禁抗生素以达到促进生猪生长的目的(于晓、林海丹等;2013)。因此,在市场上如何能够实现生猪产品的"优质"与"优价"相结合,减少消费者和生产者之间的商品信息不对称,是合理引导生产者理性追逐市场价格的根本途径。同时,养殖户通过与企业合作的方式对使用违禁兽药行为具有显著的约束作用,在与企业合作后会获得相关的培训或技术指导,有助于减少违禁药品的使用量(卫龙宝,2004;Goodhue et al., 2010)。因此,产业组织模式对于农户生产行为方面的约束能力应该得到重视。

5. 从农户样本特征变量来看

养殖户受教育程度对养殖户使用违禁兽药行为具有显著的负向影响。养殖户所接受的教育程度越高,越能准确认识到使用违禁兽药的危害。那么不同形式的培训活动也可能会弥补正规教育的缺失,能够在一定程度上弥补农户内部信息认知不足,避免农户出现错误的生产行为,使农户能够正确使用生产资料,降低使用违禁兽药的概率。

第六节 对实证结果的进一步思考

实证分析表明,样本农户存在着使用违禁兽药行为,并且这种行为更多地发生在风险偏好型农户以及获取外部信息失效的农户身上。本部分拟从农户追求最大市场利润的角度,对上述问题做进一步解释:

根据杨桂元和李天胜(2013)的研究,在不考虑饲养者的技术水平及市场需求变化的情况下,农户养猪要获利需要满足以下不等式,即:

$$\alpha(x_m p - x_0 p_0) + \beta(x_m - x_0) \geqslant \gamma X \ln \frac{X - x_0}{X - x_m} \tag{5-6}$$

其中,α 表示猪的生长系数,β 表示单位饲养费用系数,γ 表示猪最大体重时的单位饲养费用,X 表示该品种猪的最大体重,x_m 表示可售猪的最小体重,x_0 表示开始饲养时仔猪的体重,p 表示成品猪的单位体重售价,p_0 表示仔猪的单位体重售价。

舒尔茨(2006)认为,发展中国家农民是"理性小农",其从事农业生产的动机是追求利润最大化。从式（5-6）中可以看出，农户提高收益有两条途径：一是增大 α，即设法加快猪的生长速度，例如，可以在饲料中添加对猪生长有促进作用的药物添加剂、采取措施让猪多睡少动等，而农户在选购兽药过程中，会将缩短生猪出栏时间作为一个重要的考虑标准，兽药、饲料零售商从销售获利的角度，屏蔽掉对生猪质量安全有关的信息，一味夸大兽药使用的功效，会对农户使用违禁兽药起到推波助澜的作用。二是增大 β 同时减小 γ，即努力降低饲养成本，相对于正规兽药而言，违禁兽药一般售价较正常兽药低，而且药物使用效果很好，以农户使用泰乐菌素原料药为例，泰乐菌素是一种畜禽专用抗生素，优点在于能够有效地避免人畜共用抗生素易发生的交叉耐药性问题，同时对于动物生长发育有促进作用，农户为了降低生产成本从零售商手中直接购买原料药，回家后进行稀释使用。兽药原料药粉可直接饮水或加入拌料中，很容易混合不均达不到治疗效果甚至导致中毒，这也是国家禁止将兽药原料药出售给饲养户的主要原因。[①] 因此，通过对农户使用违禁兽药行为影响因素的分析，以及结合在理论综述中提到的农户最优化行为中表现的追求最大利润动机，农户在信息不完全的情况下，只看重兽药有效性而忽视兽药品质，或明知兽药是国家明令禁止的兽药品种，甘愿冒风险来追逐最大化的市场收益。

第七节 本章小结

本章对生猪养殖户使用违禁兽药行为进行了描述和分析，通过引入风险偏

---

① 辽宁频道，http://liaoning.nen.com.cn/system/2012/12/27/010179554.shtml。

好、外部信息有效性和政府规制等变量,分析农户使用违禁兽药的微观影响因素,结论有如下五点:

第一,在生猪养殖过程中,农户存在使用"氯丙嗪""利巴韦林"等违禁兽药的情况,农户在关于国家违禁兽药种类"不知情"的情况下,所选购和使用违禁兽药和兽药、饲料零售商的推荐有很大关系;而农户在了解兽药情况的前提下依然使用违禁兽药,与农户看重违禁兽药的药效以及追求最大利益有关。

第二,农户的风险偏好类型是影响其使用违禁兽药的重要因素,风险爱好型农户更具有使用违禁兽药的动机,因为相较于风险规避型农户而言,风险爱好型农户宁愿冒较大的"风险"来追求更好的市场收益,而鉴于当前我国生猪生产环节监管匮乏,以及农户与市场组织连接不紧密的现实情况,农户在生产中所能受到的约束限制就更少。

第三,农户获得的外部信息失效是部分农户使用违禁兽药行为的发生原因之一。农户更加关注的是所用兽药效果,而对于兽药本身是否符合国家标准没有很好的鉴别能力,对此也并不关注。从农户获取兽药方面的信息渠道来看,有44.19%的农户是通过兽药、饲料零售店的推荐来获取兽药信息,有24.65%的农户通过和基层兽医的接触来获取信息,有10.7%的农户在朋友或熟人的推荐之下,获取有价值的兽药信息。随着我国科学技术水平的快速发展,互联网等新型媒体手段为农户获取信息提供了更加广泛的渠道来源,但对于农户获取信息、筛选和甄别有价值兽药信息的能力并没有得到提高,兽药、饲料零售店和基层兽医依然是农户最主要和有用的信息获取渠道,而兽药、饲料零售店为了获得农户对兽药的认可,增加本店兽药销售量,向农户提供不完全的兽药信息,我国现阶段基层兽医体制所面临的困境,也是制约农户不规范生产行为,造成农户使用违禁兽药的客观条件。

第四，在政府规制方面，对出栏前生猪的检验检疫对养殖户使用违禁兽药行为具有显著的约束性，政府监管力度越大，养殖户使用违禁兽药的概率将会降低。由于养殖户的生产行为以及对生产资料的选购行为具有随意性，因此，政府监管所需支付的"成本"较高。政府规制不仅要体现在"监管"方面，更要以适当的形式"激励"养殖户提供质量安全的生猪产品。

第五，养殖户与相关企业合作以及市场价格因素对养殖户使用违禁兽药行为具有显著的影响。养殖户在超额利润的吸引下，无视违禁兽药可能对人体健康造成的危害，在生猪市场上实现生猪产品"优质"和"优价"相结合，减少消费者和生产者之间的商品信息不对称性，以及通过企业与农户合作，增加企业对相关技术的培训和指导，对于养殖户使用违禁兽药行为具有显著的约束作用。

第六章 生猪养殖户过量使用兽药行为研究

近年来，尽管兽药的使用对于保障动物出栏率、节约劳动力成本起到了积极的作用，但是随着兽药使用量的增长，其负外部性逐渐受到人们的关注，突出表现在养殖户过量使用兽药所造成的兽药残留，进而引发的食品安全问题和环境问题。Suriyasathaporn 等（2012）指出，社会主要的食品安全问题是滥用或过度使用抗生素类兽药而造成的食品中药物残留问题，过度使用兽药更容易引起机体耐药性等不良危害。我国是兽药生产与使用大国，过量使用兽药的现象在畜牧业养殖过程中普遍存在，有些养殖户在防治生猪疾病时，习惯加大兽药使用剂量，并且认为，这种做法能够快速控制疾病，提高疾病治疗效果，从而避免经济损失。殊不知，不按兽药使用说明书规定剂量用药，任意加大兽药使用剂量，既提高了农户的生产成本，又增加了用药的风险。因此，本章将生猪养殖户过量使用兽药行为作为研究对象，不仅可以规范农户在养殖过程中的兽药使用量，而且也对减少兽药残留，保障消费者的身体健康具有重要意义。

本章主要的研究目的有两个：一是养殖户过量使用兽药行为是否具有现实

意义？即养殖户的过量使用兽药行为是否提高了兽药的边际生产率，从而增加农户的家庭收入？二是找出养殖户过量使用兽药行为的影响因素。

第一节　研究假设

在研究农户生产率问题的实证分析中，学者主要是通过 C－D 生产函数（Cobb－douglas Production Function）形式进行研究。Headley（1968）将主要农作物作为研究对象，在 C－D 生产函数模型估计的过程中，将土地、化肥和农药等视为直接生产要素，分析结果表明，增加 1 美元的农药投入会增加 3.9~5.66 美元收入。Carpentier 和 Weaver（1995）以 C－D 生产函数模型为研究工具对农户使用农药情况进行分析发现，增加 1 美元农药费用支出可以增加 0.94 美元的收益。C－D 生产函数对于产出弹性不变的假设条件与现实情况差距较大，而后当学者对农药的边际生产率测算时，借助于二次生产函数模型和随机系数模型（Lichtenberg and Zilberman，1986）。近些年来，损害控制模型是作为估计要素边际生产率问题的主要方法，它与 C－D 生产函数模型最大的区别是将农药视为间接生产要素。Lichtenberg 和 Zilberman（1986）将农药定义为损失控制投入，并指出把农药视为直接生产要素会高估其边际生产率。周曙东、张宗毅（2013）利用损害控制模型对水稻种植户农药的边际生产率进行估计指出，农药施用效率低是农药边际生产率低下的原因。本书在参照以上农药方面研究成果的同时，结合生猪养殖所具有的特点，并依据辽宁省生猪养殖户调研数据，提出如下研究假设：

假设 1：养殖户过量使用兽药没有现实意义，即并不会因为在动物预防和治疗疾病的过程中,超量使用兽药而提高农民收入。

从政府规制对农户生产行为的影响来看,郑建明等(2011)在实证调查的基础上发现,违规处罚的认知程度与养殖户经济效益有着直接的关联。他还指出,政府应加强对养殖户的监管和处罚力度,一旦发现违规行为,要彻查并严肃处理,将养殖户的经济效益与处罚力度相结合,以保障养殖产品质量。兽药、添加剂限制政策所带来的产量损失相对于居民健康风险的降低是微小的(Mann and Paulsen,1976)。Smith 等(1996)通过对堪萨斯州小麦种植户进行研究指出,没有获得农业保险是农户过量使用农药、化肥的主要影响因素,而政府部门如果能够提供合适的农业保险政策将会有效地促进农户从事安全生产行为。持反对观点的学者指出,政府监管力度越大,养殖户采取人药兽用行为的概率越低,然而,政府监管力度对养殖户超量用药及不遵守休药期行为并无明显影响(吴林海、谢旭燕,2015)。Terence(2003)从规模效益角度出发,论述了规模经济导致动物集约化、设施化生产,从而大范围地使用抗生素,为此,美国政府付出了高额的监管成本代价。

假设2:政府规制与农户过量使用兽药行为呈相关关系,政府强化监管会在一定程度上约束农户兽药使用量,政府对农户的激励措施会规范农户兽药使用量。

从市场因素对农户生产行为来看,王华书等(2004)认为,现阶段我国农产品市场发育尚不健全,市场信息并不能有效保障优质的农产品就能获得高价,这既是农户在生产中超量使用农药和化肥的主要原因,也是我国食品安全的根源所在。基于目前的兽药残留检测制度和技术并不完善,相关部门还无法高效、准确地检测出一头猪在重金属或抗生素残留方面是否存在超标问题,而且无法通过食品监督机制从根本上保障消费者的身体健康,农户的不良生产行为也缺乏事后的监督和惩罚(邬小撑等,2013)。虽然药品标签上明确印有关于兽药休药期的相关规定，一些商家在出售此类药品时也会稍加提醒养殖户，但仍不乏有很多对其视而不见的养殖户存在。他们根据市场、疾病等情况选择生猪的出栏时间，生猪若在出栏前发生疾病，养殖户便会加大兽药使用剂量（Dunlop，Mcewen and Meek，1998）。对家禽的研究表明，突发性疫情会通过其本身及鸡蛋价格显著地影响养殖户的生产行为，动物疫情刚刚发生时期农户选择加大使用兽药剂量，在突发性疫情发生后期养殖户会选择补栏蛋鸡（朱宁、秦富，2015）。Vukina（2005）认为，农户在畜禽养殖环节中过量使用化学投入品行为和企业所签订的合同规定、养殖的专业化水平、养殖规模化程度等因素有直接关系。Goodhue 等（2010）认为，对农户进行农药施用方面的培训不失为一个行之有效的方案，它有助于减少违禁农药的施用量。在企业和农户合作的过程中，为了能够获得质量安全的农产品，往往会为农户统一提供兽药、饲料和技术支持等服务，而农户和企业之间合作得越紧密，采用安全兽药的可能性越大（吴秀敏，2007）。

假设3：市场收益与农户过量使用兽药行为呈相关关系，农户过量使用兽药的原因就是要通过加大兽药使用剂量使生猪少得病或使已经生病的生猪尽快康复起来稳定生猪出栏量，进而获得稳定的市场收益。

假设4：市场组织模式与农户过量使用兽药行为呈相关关系，产业链市场组织可以对农户使用兽药行为进行约束和制约，农户通过与相关企业签订合同（订单）来获取稳定的市场销路，同时为企业提供质量安全的生猪产品。

第二节 养殖户过量使用兽药理论分析

一、基于生产函数的养殖户过量使用兽药

基于生猪养殖户是"理性人"的假设，农户从事生猪养殖的目的是获得更高的经济收入，因此，应满足以下表达式：

$$\max_{Q} PY(X,Q) - \sum_{i=1}^{n} r_i X_i - wQ \qquad (6-1)$$

其中，P 表示生猪出栏价格，Q 表示兽药使用量，X_i 表示除兽药以外其他生产要素的投入数量，$Y(X,Q)$ 表示生产函数，r_i 表示除兽药以外其他生产要素的价格，w 表示兽药价格。假设兽药市场和生猪市场满足完全竞争的市场形态，对最优的兽药使用量关于 Q 求一阶偏导，求解后满足：

$$PY(X,Q) = W \qquad (6-2)$$

其中，$PY(X,Q)$ 是兽药的边际产品价值（VMP），最优的兽药使用量要求边际产品价值等于兽药价格 W。而兽药的边际生产率表示为每增加 1 单位兽药使用量所增加的收益与兽药价格的比值，即为 VMP/W。当 VMP/W 大于 1 时，表示农户兽药使用量低于最佳用量，这时农户增加兽药使用量是有利的；反之，当 VMP/W 小于 1 时，表示农户过量使用兽药，这时农户增加兽药使用量是不利的；而当 VMP/W = 1 时，农户兽药使用量恰好达到最优用量。

通过上述分析可以看出，在兽药价格一定的前提下，对于 VMP 的估算将是准确衡量农户兽药边际生产率的关键所在。西方经济学中的经典理论认为，VMP 是一条先递增后递减的曲线，最后收敛于 0，如图 6-1 中所示的 B 曲线。

而生产函数的 VMP 通过计算是一条近似双曲线，如图6-1中曲线 A 所示。显然，通过生产函数所得 VMP 与实际 VMP 存在一定的误差，即利用生产函数计算农户的边际生产率存在较大的偏差，为了克服这种偏差，引入误差修正模型将使估计更加准确。

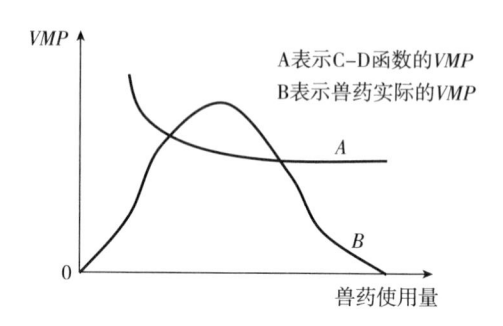

图6-1　通过生产函数估计兽药边际产品价值（VMP）有偏误

二、基于损害控制模型的养殖户过量使用兽药

兽药作为现代畜牧业生产投入的要素之一，不同于一般性的生产要素，其并不能直接增加畜产品的产量（少数药物被违法添加到饲料中，用于促进动物生长用途，例如，性激素类的苯甲酸雌二醇、镇静类的氯丙嗪或地西泮等，由于使用过程具有较强的隐蔽性，在此不予考虑），而是通过对疾病的预防、治疗来保障畜产品的出栏量和获得更好的生猪"卖相"，进而提高销售价格。

1. 损害控制模型形式

在此参照 Hall 和 Norgaard（1973）以及 Fox 和 Weersink（1995）等将农药引入生产函数中的研究成果，本书尝试将兽药引入农户生产函数中，对生产函数模型进行应用。目前生猪养殖户常使用的兽药有48种，使用数量比较多的兽药主要是抗生素类药物 27 种（黄杰河，2010）。本书以抗生素类兽药为例，兽药对于生猪出栏量的影响主要分为两个阶段：

第一阶段，抗生素类兽药能够有效杀灭病原细菌，同时对多种致病的微生物也有较好的抑制作用；假设在没有兽药控制条件下微生物的数量为 Z_0，兽药的投入量为 Q，并以 $C(Q)$ 的形式对微生物数量造成影响，则微生物控制函数可以表示为：

$$Z = Z_0[1 - C(Q)] \tag{6-3}$$

第二阶段，假设 Y 表示生猪实际出栏量，$F(X)$ 表示潜在产量，其中 X 表示劳动力、资本和土地等生产要素的投入量，α 表示生猪出栏量受到疾病影响的比例，也即兽药对潜在产量的影响范围，病原微生物以 $D(Z)$ 的形式对产量造成影响，则损失函数被表示为：

$$Y = (1-\alpha)F(x) + \alpha F(x)[1 - D(Z)] \tag{6-4}$$

将式（6-3）中的 Z 代入式（6-4），整理后得到式（6-5），其中，当 $D(Z)=0$ 时，代表生猪出栏量不受任何疾病因素的影响，此时生猪实际出栏量达到潜在产量水平；当 $D(Z)=1$ 时，代表病原微生物造成了 p 比例的产量损失，此时实际生猪出栏水平达到最低为 $(1-\alpha)F(x)$。

$$Y = (1-\alpha)F(x) + \alpha F(x)[1 - D(Z_0[1 - C(Q)])] \tag{6-5}$$

式（6-5）即为含有兽药投入要素的生产函数模型。在实际的研究过程中，学者们常令 $G(Q) = 1 - D(Z_0[1 - C(Q)])$，并且不同学者对于 $G(Q)$ 的具体表达形式有不同的设定，通常有以下四种不同的分布函数形式（Talpaz and Borosh，1974），如表 6-1 所示。

2. 关于最优抗生素类兽药使用量求解

假设生猪出栏价格是外生变量 p，兽药投入量 Q 的价格为 w，其他投入要素 X 的价格为 r，那么农户的利润就可以表示为：

$$R = pY - wQ - rX = p(1-\alpha)F(x) + p\alpha F(x)[1 - D(Z_0[1 - C(Q)])] -$$
$$wQ - rX \tag{6-6}$$

表6-1　$G(Q)$的四种不同分布函数形式

名称	分布函数形式
Pareto 分布	$G(Q) = 1 - K^2 Q^{-2}$
Exponential 分布	$G(Q) = 1 - \exp(-mQ)$
Weibull 分布	$G(Q) = 1 - \exp(-Q^m)$
Logistic 分布	$G(Q) = (1 - \exp(-Q'))^{-1}$

为了进一步求得最优兽药使用量的显示解，在此以损失减少函数$G(Q)$为Exponential形式为例，即$G(Q) = 1 - \exp(-mQ)$，将其代入式（5-6）中，并对兽药使用量Q求偏导，最后解得：

$$Q^* = \frac{\ln\alpha m p F(x) - \ln w}{m} \tag{6-7}$$

从式（6-7）可以看出，最佳的兽药使用量与生猪出栏价格、生猪潜在产量成正比，与兽药投入价格成反比。总体来看，一方面，农户使用兽药的首要目的是为了保障生猪健康成长，尽可能地避免疾病的发生，以及当生猪疾病不容易治疗时，通过药物暂时性来维持生猪的较好生存状态直至出栏为止，从而保证潜在出栏量能够完成；另一方面，如果生猪饲养者与企业合作，能够获得稳定的销售渠道，或农户企图通过过量使用兽药，使生猪在出栏时具有较好的"卖相"，获得更高的收入，农户会使用更多的药物或使用质量更好的药物。另外，兽药价格上涨，在一定程度上会增加农户养殖生猪的成本，农户有可能会减少兽药使用量或采用劣质的兽药来替代当前的兽药，由于兽药价格因素不是本书所要重点研究的内容，因此，在下文中不予以考虑。当然，对兽药使用量的研究是一个复杂的过程,除了上述因素的影响之外,还可能会受到农户自身条件以及政府对于农户养殖行为的规制程度、市场组织模式等多方面因素的制约。

第三节 样本特征描述与变量设定

一、样本特征描述

首先,从样本农户的个体特征来看(见表 6-2),样本农户中男性占 70.69%,而女性占 29.31%,男性较女性占比高出 41.38%,如果假设抽查是充分随机的,那么说明生猪养殖户中男性是主力,这可能与生猪养殖工作比较辛苦有关。从农户年龄结构来看,最小的年龄是 25 岁,最大的年龄是 68 岁,平均年龄是 48.6 岁,且 40 岁以上农户占比为 83.18%,说明农户普遍存在着年龄偏高的现象,在人口老龄化来临的时代及畜牧业生产活动中,也表现为从业人员老龄化问题。从农户受教育程度来看,初中文化程度的人数是 115 人,占比 49.57%,说明我国生猪养殖户整体受教育水平较低,且呈现养殖户年龄越大,受教育年限越少的现象。

二、变量设定

1. 被解释变量:农户使用兽药量

上文第四章第三节中,已对农户使用兽药量进行了描述性分析,结果表明选择比说明书标准剂量少的农户有 12 人,占样本量的 9.05%,选择按照说明书标准剂量的农户有112人，占样本量的48.28%，而选择比说明书标准剂量多的农户有73人，占样本量的31.47%，选择比较随意使用的农户有35人，占样本量的11.20%。说明尽管绝大多数的农户能够按照说明书标准剂量来使用兽药，但是仍然存在一部分农户超量使用兽药和兽药用量比较随意的情况，从而为兽药残留和危害人体健康埋下隐患。

表6-2 农户个体特征统计

分类指标		样本数	百分比（%）	分类指标		样本数	百分比（%）
性别	男	164	70.69	学历	小学及以下	46	19.83
	女	68	29.31		初中	115	49.57
年龄	20~30岁	5	2.16		高中及中专	61	26.29
	31~40岁	34	14.66				
	41~50岁	86	37.07		大专	8	3.45
	51~60岁	104	44.83				
	60岁以上	4	1.28		大学及以上	3	0.86

资料来源：根据调研问卷整理获得。

2. 核心解释变量

基于理论分析，农户过量使用兽药的根本目的是保证市场收益，一方面，是兽药过量使用对于保障生猪潜在出栏量的影响；另一方面，是兽药过量使用可以暂时掩盖部分患病生猪病情，赢得较好的生猪出栏"卖相"，进而获得较好的销售价格。关于兽药使用对生猪出栏量的正向影响，有173位农户表示同意这种说法，占被调查农户总数的74.57%，而关于兽药过量使用是否会造成兽药残留，进而对生猪市场价格形成负向影响，从所获得的调研数据显示，农户并不是十分担心这个问题，可能的原因是从我国生猪收购市场的实际情况来看，生猪收购主体（相关企业或从事生猪贩卖的商贩，特别是后者）还不具备完成快速进行检验检疫的能力，且检验检疫的成本很高。因此，收购的生猪市场价格在很大程度上取决于生猪出栏时的"卖相"或农户与企业在签订购销合同时约定的价格。只要养殖户能够保证生猪在出栏时卖相好，并不用担心实验室的化验指标检验。

对于市场组织模式状况，本书共采用两个指标，分别为是否与相关企业合作以及是否签订销售合同。相关企业是与农户联系十分紧密的市场模式之一，在农户生产过程中发挥着重要的作用，合理的预期是企业通过提供技术服务或供给生产资料（包括兽药、饲料、化肥等）会对农户过量使用兽药行为起到引导性约束作用，使农户兽药使用量更加规范。另外，近些年我国发展起来的订单农业作为一种重要的组织经营模式，企业和农户之间签订契约对养殖户生产行为产生约束。从调查结果发现，样本养殖户和企业之间签订销售合同的比例仅为10%，而与相关企业合作的比例也很低，仅为27.16%。

通过对政府规制理论和文献的梳理，本书认为，对于政府规制情况的考察，应该重点通过四个变量指标，分别在强制免疫、补贴、售前检验检疫和养殖过程中监管，政府规制作为一种正式的制度对于进一步规范农户的兽药使用行为，对养殖户过量使用兽药现象存在一定的抑制作用。从调查结果来看，有70.26%的农户明确表示对政府所提供的免费疫苗质量不满意；在获得生猪补贴方面，有10.34%的农户选择"没有"，而所获的补贴类型主要是能繁母猪补贴；选择售前没有检验检疫的农户占到76.72%；在养殖过程中没有受到有关部门监管的比例与之相当，为71.98%。总体来看，在生猪养殖过程中，政府更多的是采取激励的措施，而对于指导和监管监测介入的程度不够。

第四节 模型设定与估计

一、对兽药作用的检验

多位学者借助于 C-D 生产函数（Cobb-Douglas Production Function）来实证研究农产品生产率问题（Headley, 1968）。随后也有学者指出，利用 C-D 生产函数将农药作为直接生产要素进行估计，结果会使农药的边际生产率过高（Babcock et al., 1992; Lichtenberg and Zilberman, 1986）。本书在研究过程中，借鉴已有的研究成果，同时为了比较采用不同的研究模型，在计算兽药对于产出影响情况的条件下所得结果是否存在差别，故将同时引入 C-D 生产函数模型和损失控制模型来进行分析，其中 C-D 生产函数模型的形式可以表示为：

$$Y = AX^{\alpha}Q^{\beta}e^{\varepsilon} \tag{6-8}$$

而在实际的估计过程中，通常也可以将式(6-8)进行线性化处理，得到：

$$\ln Y_i = \beta_0 + \sum \beta_i \ln X_i + \gamma \ln Q + \varepsilon \tag{6-9}$$

损失控制模型的形式可以表示为：

$$Y_i = e^{\alpha} \prod X_i^{\beta_i} G(Q) e^{u} \tag{6-10}$$

由于 $G(Q)$ 具有不同的形式，且 Logistic 形式、Weibull 形式和 Compertz 形式都属于不能线性化的模型形式（易丹辉，2008）。因此，在实际的估计过程中，对于损失控制模型主要采用非线性估计方法来处理。在式（6-9）和式（6-10）中，Y_i 为第 i 个农户饲养生猪产量，在此以生猪养殖收入来替代，X 为从事生猪养殖工作的劳动力人数，由于农户所投入的资本和土地要素难以准确衡量，因此，基本要素投入仅用人力资本来表示资本要素的投入量，Q 为农户在兽药方面的支出，α、β、γ 为待估系数，ε 和 u 为随机误差项。

对 C-D 生产函数模型采用简单 OLS 回归进行估计，由于损害控制模型为非线性回归模型，本书采用极大似然估计法来对参数进行估计。在迭代过程中，分布函数为 Logistic 分布和 Exponential 分布的损害控制模型不收敛，本书只对 C-D 生产函数模型与分布函数为 Pareto 分布、Weibull 分布的损害控制模型的估计结果进行呈现，如表 6-3 所示，C-D 生产函数模型和 Pareto 分布损害控制模型所估计出来的变量系数大小接近，其中从事生猪养殖的劳动力人数对于生猪产值在 1% 水平上显著。其中，值得关注的是兽药支出对于生猪产值在 C-D 生产函数模型中没有通过显著性检验，这与 Carpentier 和 Weaver（1995）认为的在法国水稻生产中增加 1 美元农药使用可以增加收入为 0.94 美元不相符，其原因可能是最近两年生猪价格持续低迷，农户为了预防和治疗生猪疾病来稳定出栏量，不得不在收益下降的前提下，依然大量支出养殖生猪的兽药费用，以至于降低了养殖生猪的产值。

由于 C-D 生产函数模型的兽药支出（Q）与 Weibull 分布的参数 Z 不显著，因此，本书以 Pareto 分布的估计结果为依据，利用式（6-10）左右两边对 Q 求偏导，并代入农户兽药支出变量的平均值，最后求出兽药的边际生产率，结果表明，通过分布函数为 Pareto 分布的损害控制模型估计的兽药边际生产率值为 6.87×10^{-10}，数值接近于 0，即每增加 1 元的兽药支出并不会对生猪产值产生影响，表明生猪养殖户存在过量使用兽药行为，即养殖户在养殖过程中过量使用的兽药，并没有为其带来现实意义，对农户增加收入没有什么帮助。同时，如果考虑环境成本以及人体健康成本，可能得出的边际生产率更低,甚至为负值(朱淀等,2014)。

表6-3 C-D生产函数模型与损害控制模型估计结果

变量	C-D生产函数模型	损害控制模型	
		Pareto 分布	Weibull 分布
常数项	7.0618*** (0.2219)	7.0146*** (0.3172)	9.3068*** (0.4125)
劳动力	1.6191*** (0.1020)	1.0122*** (0.1356)	1.0228*** (0.1386)
兽药	0.2198 (0.1949)	—	—
K	—	0.3592*** (0.0371)	—
Z	—	—	0.0916 (0.1398)
R^2	0.6189	—	—
F统计量	188.5513***	—	—
-2LL	—	40.3091**	40.5123**

注:括号内的值为标准误,**表示在5%的统计水平上显著,***表示在1%的统计水平上显著。

二、对养殖户兽药使用量选择影响因素的实证分析

农户过量使用兽药不符合经济学关于"理性人"的假设,在一定程度上农户所使用兽药越多,所投入的生产成本就越高,反而起到的防病、治病效果还不一定好,那么为什么农户大量使用兽药行为已经成为一种普遍现象了呢?项林如(2008)认为,农户存在着用药剂量不当和药物选择不正确等种种兽药使用的问题,而广大养殖户缺乏兽药使用常识、畜产品安全意识淡薄和管理部门监督力度不够是造成上述问题的主要原因。而本书认为,应从政府、市场以及农户三个行为主体角度来思考兽药过量使用的原因,也许当前时期,农户过量使用兽药正是一种"非理性均衡"状态,是农户面临动物疾病风险和在市场风险情况下的最正确选择。基于以上分析,本书构建农户兽药使用量影响

因素的计量模型，模型形式如式（6-11）所示：

$$Y_j = \alpha + \sum \beta_{ij} X_{ij} + \sum \gamma_{ij} Z_{ij} + \varepsilon_j \qquad (6-11)$$

其中，Y 表示农户兽药使用量，在问卷的设计中主要涉及兽药支出、兽药使用次数与兽药使用是否按照说明书标准用量三个指标，考虑到当农户在动物疾病预防和治疗时，所使用的兽药可能不是一种，而且不同药物所要求的使用次数和方法，以及同种兽药产品由不同生产厂家生产出来，出售价格也会存在差异，在此仅以是否按照说明书标准量使用作为被解释变量，X_i 表示目标考察解释变量，Z_i 表示控制解释变量，ε 表示随机扰动项，具体变量的名称和说明如表6-4所示。

表6-4 变量定义与赋值

类别	标量名称	解释	均值	标准差
	兽药使用量	其他=0，比说明书规定用量多=1	0.67	0.47
政府规制	强制免疫	对政府提供的免费疫苗满意；不满意=0，满意=1	0.30	0.46
	补贴	政府是否提供补贴；否=0，是=1	0.91	0.36
	售前检验检疫	售前是否有相关检验检疫；否=0，是=1	0.24	0.43
	养殖监管	养殖过程中是否有部门监管；否=0，是=1	0.29	0.47
市场组织模式	企业	是否与相关企业合作；否=0，是=1	0.75	0.44
	售前合同	是否签订销售合同；否=0，是=1	0.63	0.48
市场收益保证	产量影响	不使用兽药对生猪出栏量有影响；否=0，是=1	0.70	0.41
	价格影响	使用兽药能使生猪卖个好价；否=0，是=1	0.67	0.47
控制变量	性别	女=0，男=1	0.71	0.46
	年龄	生猪养殖户实际年龄	48.52	8.18
	受教育程度	小学及以下=1，初中或中专=2，高中=3，大专=4，本科及以上=5	2.12	0.74
	养殖年限	从开始养猪的年份算起	6.98	4.79
	养殖规模	用2013年存栏头数表示	46.02	61.23

考虑到自变量的相关性可能会对模型估计结果产生影响。因此，在对农户兽药使用量进行回归分析之前，先对目标考察变量政府规制和市场因素之间的相关性进行检验，检验结果如表6-5所示，可以看出，本书在关注的主要目标变量中，市场价格影响和市场产量影响两个变量之间的相关系数最大，是0.711，即农户认为，生猪出栏量与生猪在市场上的销售价格之间有关系。

表6-5 目标考察变量相关系数

变量	强制免疫	补贴	售前检验检疫	养殖监管	企业	售前合同	产量影响	价格影响
强制免疫	1.000							
补贴	-0.026	1.000						
售前检验检疫	0.231	0.020	1.000					
养殖监管	0.090	0.097	-0.001	1.000				
企业	-0.006	0.026	0.115	0.151	1.000			
售前合同	0.094	0.089	-0.140	0.152	0.005	1.000		
产量影响	-0.307	0.026	-0.374	-0.016	-0.044	0.045	1.000	
价格影响	-0.183	0.088	-0.346	-0.074	-0.005	0.018	0.711	1.000

通过计算自变量的方差膨胀因子和容忍度可以看出，自变量之间的相关性，不会对农户使用兽药量模型的估计结果产生影响，结果如表6-6所示。

表6-6 自变量方程膨胀因子和容忍度

变量	强制免疫	补贴	售前检验检疫	养殖监管	企业	售前合同	产量影响	价格影响	性别	年龄	受教育程度	养殖年限	养殖规模
VIF	1.301	1.062	1.358	1.105	1.156	1.115	2.515	2.175	1.171	1.151	1.329	1.172	1.090
1/VIF	0.769	0.942	0.736	0.905	0.865	0.897	0.398	0.460	0.854	0.869	0.752	0.853	0.917

注：当VIF>10时，就可以认为自变量间有比较严重的共线性。

基于表6-4中的变量设置，对农户兽药使用量的影响因素进行估计，结果见表6-7。其中，（1）、（2）栏为采用OLS方法的线性概率回归结果，（3）、（4）栏为采用Probit模型的回归结果，并且（2）、（4）栏加入了控制变量。

表6-7 农户过量使用兽药影响因素的模型估计结果

变量	（1）	（2）	（3）	（4）
强制免疫	-0.200*** (0.041)	-0.120*** (0.037)	-1.228*** (0.306)	-1.666** (0.738)
补贴	-0.126** (0.049)	-0.125*** (0.042)	-0.720* (0.422)	-3.087* (1.587)
售前检验检疫	-0.154*** (0.046)	-0.124*** (0.040)	-1.086*** (0.345)	-2.187** (0.896)
养殖监管	-0.026 (0.039)	-0.048 (0.033)	-0.167 (0.283)	-0.358 (0.572)
企业	-0.002 (0.041)	-0.024 (0.035)	-0.073 (0.320)	-0.634 (0.738)
售前合同	0.020 (0.038)	0.011 (0.032)	-0.144 (0.314)	-0.803 (0.727)
产量影响	0.560*** (0.060)	0.429*** (0.054)	2.398*** (0.457)	4.871*** (1.760)
价格影响	0.201*** (0.055)	0.184*** (0.046)	1.090*** (0.346)	2.800*** (0.980)
性别		0.156*** (0.035)		1.457** (0.664)
年龄		0.002 (0.002)		0.011 (0.043)
受教育程度		0.183 (0.023)		3.890 (1.047)

续表

变量	(1)	(2)	(3)	(4)
养殖年限		-0.002 (0.003)		-0.147* (0.076)
养殖规模		-0.001** (0.001)		-0.008* (0.004)
constant	0.328*** (0.072)	-0.100 (0.122)	-0.528 (0.547)	-8.012** (3.123)
Adjusted R-squared	0.676	0.769	193.340***	265.644***
N	232	232	232	232

注：***、**、*分别代表在1%、5%和10%的水平上显著；模型（3）和模型（4）中报告的为LR statistic；括号中为样本标准误。

由表6-7可知，强制免疫、补贴、售前检验检疫、产量影响、价格影响以及农户个体特征等变量对养殖户过量使用兽药行为都具有显著性影响，具体分析如下：

1. 在政府规制方面

强制免疫、补贴和售前检验检疫对农户过量使用兽药行为具有显著的负向影响。这与王海涛、王凯（2012）的研究结论一致。王海涛、王凯（2012）指出，政府规制中的检验检疫执法、补贴政策与宣传方面的工作对养殖户安全生产目标及其认知有影响。自2007年以来，猪瘟、猪繁殖与呼吸综合征被列入国家强制免疫范围，加上早已强制免疫的口蹄疫，猪的强制免疫疫苗已达3种。对生猪进行强制免疫涉及动物防疫大局，是一项公共政策，是政府履行公共责任的切实体现。但是，政府在为农户提供强制免疫的疫苗时，一定要保障农户拿到手的疫苗都是安全、有效的，因为动物疫苗的特点是如果疫苗保管不妥当（包括冷藏储存和运输等环节）就会失去活性，否则农户得到的就是一支不能有效防病的动物疫苗，这也是一部分农户甘愿自掏腰包购买疫苗，也不使用政府免费分发疫苗的原因。政府在生猪养殖方面提供的补贴项目主要包括能繁母猪补贴、能繁母猪保险、良种补贴以及生猪调出大县奖励等政策。其中，对于生猪散养户而言，能够得到实惠的是政府对每头能繁母猪给予100元的补贴。卢志波（2011）认为，国家的补贴只会刺激不理性的因素，可能会加剧市场供需关系的不平衡。在一定程度上对生猪产业实行保险补贴也可能会加大农户对于激励政策的依赖性，加大农户"道德风险"发生的概率，这也是保险公司不愿意承担生猪保险的一个原因。一条关于生猪养殖专项补贴把梅州市8个县（市、区）畜牧局在任或原任局长"撂倒"的新闻①，不只是在拷问应该如何落实政府对农户的生猪补贴政策。笔者认为，一是可以通过简化政府补贴的发放流程，减少中间环节的干扰，可以通过"一卡通"的形式，将生猪补贴专项资金直接发放到农户手中；二是必须要信息公开化，不要将生猪补贴等惠农项目资金公示于相关部门官方网站，农民不可能天天上网盯着这些网站，应将宣传工作推进到乡镇政府或村委会，让农户知道国家在生猪产业领域有多少扶持政策以及相应资金都发放给了谁，从而便于群众监督；三是要加强相关政府部门的监督职责，一定要明确参与补贴申报、审核、验收等各个环节部门的责任，完善问责机制，对于违规行为"零容忍度"是避免监管暗窗的保障。在生猪检验检疫方面，如果有关部门放松检验检疫的检查，那么农户在饲养生猪过程中，就可能会加大兽药使用量，增加农户随意使用兽药的风险，甚至使用对生猪生长有促进作用的违禁兽药。

2. 在市场组织模式方面

农户与相关企业合作和签订销售合同对养殖户过量使用兽药行为都不显

---

① 新华网，http://news.xinhuanet.com/local/2015-07/27/c_1116049722.htm。

著。这与周洁红（2006）的研究结论不同，周洁红（2006）认为，农户的产业化参与度影响和约束着农户的质量安全控制行为。当然我们不能否认市场组织模式对农户兽药使用行为影响的潜在作用，而本书只是说明在我国现实环境条件下，相关企业和销售合同的作用并没有得到充分发挥。可能的原因是生猪产业化组织程度还比较低，农户签订销售合同的比例仅为10%，养殖户和农牧企业合作的比重也仅为27.16%，随着我国生猪产业向规模化发展，农户与企业之间的依存关系将更加紧密，企业为农户所提供的帮助，将会使农户有效地规避生产和销售中的风险，使养殖户减少兽药使用量将成为一种趋势。

3. 在市场收益保证方面

农户过量使用兽药行为主要受到产量和市场价格的显著影响。从OLS模型回归估计和Probit模型估计的结果来看，这两个变量都在1%的水平上显著。黄季焜（2012）指出，具有较高风险规避程度的农民会施用更多的农药以及选择更多种类的农药来避免农业生产的不确定性，以保证农药施用能够有效地控制虫害和减少损失。在兽药过量使用对市场价格的影响上，目前我国农户更加关注生猪出栏时的"卖相"，而生猪收购者往往并不在意生猪体内是否存在兽药残留和重金属超标等问题，说明在生猪销售过程中还没有完善的质量安全分离机制，如果仅仅通过外观来评价生猪产品质量的好与坏，那么国家所推行的"无公害猪肉"认证、"有机猪肉"认证、"绿色猪肉"认证等鉴定生猪肉品质量好坏的认证体系，也就失去了存在的实际意义，养殖户过量使用兽药行为对于部分农户而言，可能会带来暂时性的销售利润，这或许是导致兽药大量使用的原因，也是目前农户养殖生猪所看重的眼前利益。因此，农户从自身角度出发，在养殖过程中过量使用兽药，是为了在一定程度上规避生产中的疾病风险，同时提高出栏生猪在市场上的销售价格，为自己获取更大的收益。

4. 在控制变量方面

养殖户性别、养殖年限和养殖规模对农户过量使用兽药行为影响显著。首先，男性饲养者更偏好加大兽药使用剂量，这可能与男性在生产活动中表现得更加积极有关；其次，养殖年限越长的农户，越容易控制兽药的使用量，可能的原因是从事这个职业时间长了以后，对相关动物疾病有了更加深入的了解，能够在技术层面上更好地把握兽药的使用量；最后，养殖规模变量在两个模型中，分别通过了5%和10%的显著性水平检验。相对而言，农户生猪养殖规模越小，生产过程中使用兽药行为会更加随意，从而导致对于动物疾病治疗的方式方法带有更多的主观成分；而养殖规模越大，从事生猪养殖疾病诊疗的技术人员都是专业兽医人员，必然在使用兽药方面更加科学、规范。

第五节　本章小结

兽药作为现代畜牧业生产中重要的投入要素之一，具有预防和治疗动物疾病，并为保障农户获得稳定收入的重要作用。但是，在实际的生产过程中，一方面，兽药的过量使用行为会提高养殖户生产成本；另一方面，又可能会对动物造成毒性作用进而引起兽药残留，从而危害消费者身体健康。本书通过对辽宁省生猪养殖户过量使用兽药行为进行实证分析，结果表明：

第一，在生猪疾病诊断和治疗过程中，农户在使用兽药时普遍存在兽药过量使用的行为，其中有31.47%的农户明确表示超过兽药说明书标准过量使用兽药，而有11.2%的农户在使用兽药时，所用兽药剂量比较随意，这些行为的发生都将为猪肉产品的质量安全埋下了隐患。

第二，农户过量使用兽药或盲目使用兽药，一方面，会增加农户为养殖生猪所花费的生产资料支出成本（兽药等费用）；另一方面，并不会因此提高农户的兽药边际生产率，即并不会增加养殖户的家庭收入，这是一种"非理性均衡"状态。

第三，尽管政府规制中的强制免疫、补贴以及售前检验检疫对农户使用兽药量具有一定的约束作用，但政府在为农户提供强制免疫的疫苗时，一定要保障农户拿到手的疫苗都是安全有效的；在为养殖户发放政策性补贴时，应尽量减少中间环节，保障农户直接拿到生猪补贴，同时加大信息公开度，便于农户共同监督政府对生猪产业扶持政策的执行情况；今后，政府应强化生猪售前的检验检疫力度，尽快研发快速检测猪肉品质的化验技术，对于不合格的生猪产品，立即没收销毁。

第四，市场收益保证是农户在养殖过程中过量使用兽药的根本原因，农户想通过加大兽药使用剂量来达到预防和治疗动物疾病的目的，从而保障生猪出栏率和在市场销售过程中获得更高的销售价格，由于缺乏有效的监督管理机制，因此，农户通过过量使用兽药可能会暂时性地获得更多的收益。

第五，市场组织模式对农户过量使用兽药行为不显著，表明在我国当前的环境条件下，农户参与市场经营的程度较低，不能充分利用企业可能为自己提供的便利条件，同样也不会受到企业组织的有效制约，生产行为比较随意。

第七章 生猪养殖户安全使用兽药行为研究

本章是建立在之前各章的分析基础之上,对生猪养殖户安全使用兽药行为做出界定,并揭示农户安全使用兽药行为情况,分析在政府规制和市场因素的共同作用下养殖户安全使用兽药行为的作用机理。

第一节 养殖户安全使用兽药行为的含义

农户安全使用兽药行为是农户质量安全控制行为研究中的一个方面,难点就在于怎么来衡量农户安全生产行为,从以往文献来看,学者主要从以下三个角度进行研究:一是借助于单一评价指标,例如,用兽药或农药的使用情况作为农户安全生产行为的评价标准。王瑜(2008)对农户在生猪养殖过程中是否使用兽药,以及兽药使用的数量的多少作为衡量农户质量安全控制情况的标准。胡定寰(2006)根据菜农种菜过程中是否使用生物农药或有机农药,判断其生产的农产品是否安全。二是通过多指标衡量农户的安全生产行为。例如,将农药的使用行为、化肥的使用情况和采摘之后的蔬菜被如何处理作为衡量农户安全生产行为的指标(徐家鹏等,2009;周洁红,2006)。王海涛、王凯(2012)基于多群组结构方程模型来分析养猪户安全生产决策行为的影响因素,其中安全生产决策行为以养殖生猪的安全性、使用兽药的配伍、休药期执行情况和在养殖过程中防疫是否到位作为衡量标准。三是使用综合的评分方法,参照一定的标准来衡量农户的安全生产行为。赵建欣(2008)通过构建测量农户安全蔬菜供给行为的指标体系来对每一项指标变量进行赋值,通过测量各个指标在安全供给行为中所占的比重以及农户得分来评价农户行为。

由于单一评价指标容易遗漏重要的影响变量,而使用综合的评分来衡量农户的安全生产行为,在构建评价指标体系时又有可能带有一定的主观性,达不到对安全生产行为进行客观、公正的评价。因此,本章借助于多指标来分析农户的安全生产行为。根据对美国兽药残留情况的调查研究发现,76%的原因来源于农民在使用兽药过程中不遵守药物休药期的规定,18%的原因是不能正确地使用兽药,6%为其他方面的原因,而造成我国兽药残留最主要的原因是农民使用了违禁的兽药、过量使用微生物兽药和不遵守兽药休药期等原因(王瑜,2009)。李红、孙细望(2013)通过对分散的小规模养殖户进行研究,发现在信息不对称的情况下,养殖户无法凭技术识别饲料质量的好坏,生产资料的选择行为具有盲目性和跟随性的特点,且多数养殖户不懂得合理防疫和用药方法,不凭借兽医处方购买兽药的农户占34.91%,并存在使用违禁兽药或超量使用药品等不道德风险行为。引起肉品中兽药残留有两个原因:一是饲料中含有抗生素类兽药成分,二是农户使用兽药的行为不规范,例如,不遵守休药期规定、没有记录所用兽药情况、滥用抗生素或使用违禁兽药品种等(陈一资、胡滨，2009）。农户对于兽药抗生素休药期知之甚少，35.2%的农户从来就不知道什么是抗生素的休药期，随着农户养殖生猪规模的扩大，了解兽药休药期的农户数量增加，但所占比重依然较低。

由于对养殖户使用违禁兽药行为和过量使用兽药行为的研究在第五章和第六章已经进行了实证分析。因此，本章将不对以上两方面内容进行重复研究。根据对农户质量安全生产行为的研究综述本书认为，农户安全使用兽药行为是指农户在生猪养殖过程中，用药行为符合国家相关法律法规的规定，即所使用兽药质量安全、了解兽药处方药、对用药情况做记录、了解兽药休药期等方面的内容，如果用药行为都是科学的，那么就可以认为养殖户使用兽药行为符合安全使用兽药行为的界定。

第二节　养殖户安全使用兽药的现状

一、兽药质量安全问题

依据兽药的特性，我国《兽药管理条例》中指出，兽药主要就是对动物的疾病进行预防和治疗，并能够对动物机能进行调理的物质。农户在选购兽药时最关心的是兽药产品的质量，以及对动物疾病的治疗效果如何。因此，保障兽药产品质量安全对于生猪生产具有重要的意义。

由表7-1可知，通过比较发现，企业是否提供兽药以及政府对兽药的监管与否都将直接影响到农户对所用兽药质量安全的看法。企业提供兽药，农户认为兽药质量非常安全的有46人，所占比重是19.83%；而企业不提供兽药，农户同样认为兽药质量非常安全的仅有 16 人，所占比重下降到 6.89%，说明市场组织模式对农户认知兽药质量有影响，农户通过与企业合作，获得企业所提供的生产资料，其质量能够得到保障。企业提供兽药，农户认为质量非常差和质量不安全的共有 11 人，所占比重为 4.75%。通过分析政府对兽药监管发现，在政府实施兽药监管的条件下，养殖户认为，兽药质量安全的共有 85 人，占农户比重的 36.64%，而认为兽药质量不安全的仅有 9 人；同样当政府不监管兽药时，认为兽药非常安全的人数从 41 人减少到 11 人，认为兽药质量安全的人数从 44 减少到 27 人，说明政府对于兽药的监管在养殖户心中占有十分重要的位置。通过以上的数据分析，可以发现政府规制和市场因素对于农户认知兽药质量安全水平有显著的影响，农户通过与企业合作，从企业获得的生产资料用着更放心。

表 7-1 农户对所用兽药质量看法与政府监管、市场组织模式的交互项

单位：人，%

分类		质量非常差	质量不安全	质量一般	质量安全	质量非常安全
企业提供兽药	人数	6	5	19	40	46
	比重	2.59	2.16	8.19	17.24	19.83
企业不提供兽药	人数	8	23	30	39	16
	比重	3.45	9.91	12.93	16.81	6.89
政府对兽药监管	人数	2	7	22	44	41
	比重	0.86	3.02	9.48	18.97	17.67
政府对兽药不监管	人数	15	32	31	27	11
	比重	6.47	13.79	13.36	11.64	4.74

资料来源：根据调研数据整理获得。

二、对兽药处方药了解情况

2013年8月1日国家颁布了《兽药处方药和非处方药管理办法》和第一批《兽用处方药品种目录》，对于规范农户合理使用兽药行为具有重要意义。农户需要凭借职业兽医师或助理兽医师开具的处方笺才可以购买处方类兽药产品，而兽药处方药和非处方药并不是关于兽药本质属性的差别，仅仅是关于所用兽药安全性和风险程度的区别，非处方兽药也仅仅是相对安全和毒副作用小一些的兽药产品。但是，非处方药也是兽药，在养殖户使用非处方兽药的过程中，也一定要按照兽药包装说明书上的规定剂量来使用兽药，否则同样存在一定的风险。自2009年我国开始推行执业兽医资格考试以来，截至2012年末，共有2.5万人已经获得执业兽医师从业资格，但是与我国畜牧产业对兽医的需求数量相比还远远不够，并不能满足农户开具兽药处方的需求，基于以上现状，国家规定职业助理兽医师在2017年12月31日之前，也可以开具兽药处方，作为一项过渡性措施，以确保我国兽药处方药制度能够顺利实施[①]。

根据调查样本的数据统计分析可知，农户对兽药处方药情况不了解的均值是3.55，最大值是5，最小值是1；研究发现，只有15.09%的农户知道兽药处方药和兽药非处方药种类，有11.64%的农户了解一点兽药处方药分类，另外73.27%的农户根本就不知道什么是兽药处方药，农户对于兽药处方药不知道或知之甚少，那么十分不利于政府推行兽药分类管理办法。一项政策的执行需要多方的共同努力，兽药、饲料零售店在推行和宣传《兽药处方药和非处方药管理办法》方面负有责无旁贷的责任。但是，通过调研中的谈话可知，兽药经营零售商为了追求利益想方设法逃避监管，部分兽药零售商根本未分区

---

① 中华人民共和国农业部兽医局网站，http://www.syj.moa.gov.cn/。

或分柜摆放兽用处方药。总体来看，农户对于兽药处方药了解程度较低，认为凭兽医处方来购买兽药给自己使用兽药造成了不便，又增加使用兽药的成本。因此，为零售药店违规销售兽药处方药提供了"生存空间"。

三、用药记录制度

多宝鱼、红心鸭蛋以及屡禁不止的"瘦肉精"猪肉事件，使消费者对食用动物性产品的安全性提出了质疑，从而导致消费畜禽数量大幅度下降。在动物养殖过程中，建立用药记录就显得十分重要。养殖用药记录主要需要详细记录动物种类及编号、疾病的发生情况、主要症状，治疗用药的名称（含商品名、药物成分、规格、生产企业、生产批号等信息）、给药途径、用药剂量、疗程、治疗时间、休药期等内容。通过建立用药记录，能够避免正在使用的兽药或正处于休药期的动物产品被消费者食用。2004 年 11 月 1 日颁布实施的《兽药管理条例》明确规定，兽药使用者应遵守兽医行政管理部门制定的兽药安全使用规定，并建立用药记录[①]。

根据调查样本的数据统计分析可知（见表 7-2），农户兽药使用记录情况与政府的宣传教育工作有很大的关联性，在政府宣传和讲解记录用药的重要性之后，农户能够记录用药情况的有 43 人，所占比例为 18.53%，在政府不宣传和讲解记录用药重要性的情况下，农户能够记录用药情况的有 12 人，比重仅为 5.17%。由此可知，政府的宣传讲解能够使农户更加了解用药记录制度。从本质上来看，农户并没有充分认识到在饲养过程中，记录兽药使用情况的重要性，实际上对于生产用药情况的记录，真正受益的是农户，农户可以通过用药记录，全面了解动物疾病的发生、发展情况，同时当动物发生突发事件时，

---

① 中国兽药信息网，http://zjs.gov.cn/。

能够找到相关依据，而政府的宣传教育工作只能作为辅助工作，因为政府的监管能力与农户的数量不成比例，两者之间严重失调。因此，必须使农户理解用药记录的重要性，才能保证用药记录制度能够执行下去。

表7-2　农户用药记录与政府宣传教育的交互关系比较　　单位：人，%

		农户不记录用药情况	农户记录用药情况
政府宣传教育用药记录的重要性	人数	73	43
	比重	31.47	18.53
政府不宣传教育用药记录的重要性	人数	104	12
	比重	44.83	5.17

资料来源：根据调研数据整理获得。

四、兽药休药期

兽药休药期是指动物停止给药到动物出售这段间隔时间（沈应涛，2013）。兽药在进入动物体内代谢后，一般会经过吸收等环节使药物浓度逐渐降低，但不会立刻消失。因此，在动物的组织和器官中可能会存留兽药，随着动物停止使用兽药，动物脏器中兽药含量逐渐消除，而关于兽药休药期的规定主要是为了避免消费者食用药物残留超标的动物产品。为了测度农户在生猪养殖过程中，是否能够遵循药物休药期的规定，在调查问卷的设计中以是否严格遵循休药期为判断依据，共分为"从不遵守休药期""一般遵守休药期""遵守休药期""比较严格遵守休药期"和"严格遵守休药期"五类，结果如图7-1所示，可以看出，选择"从不遵守休药期"的农户有51人，占调查样本量的21.98%，选择"一般遵守休药期"规定的农户有56人，占样本量的

24.14%，即在养殖过程中"不关注兽药休药期"的农户，占到样本量的46.12%，接近半数。农户不执行休药期的规定，在很大程度上是因为多数养殖户并不了解休药期制度，更不知道各种兽药相应的休药期是多少天，自然也就谈不上执行兽药休药期。农户在养殖过程中违反兽药休药期的规定，导致动物产品中的药物残留超标，会对消费者的身体造成很大的伤害（于桂阳、郑春芳，2014）。

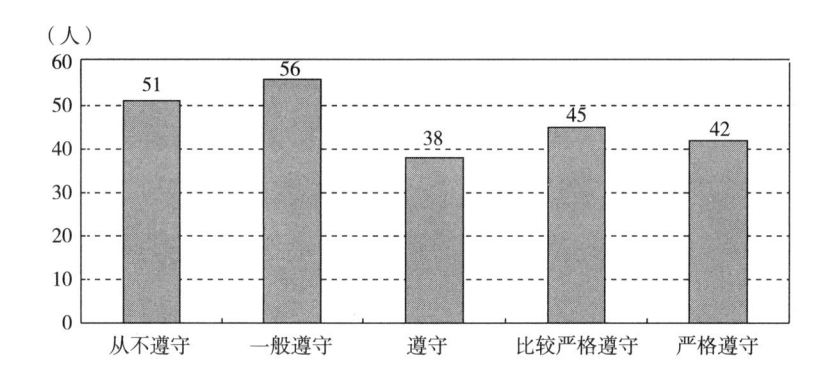

图 7-1　农户使用兽药过程中是否遵循休药期规定

资料来源：笔者根据调研数据整理获得。

第三节　理论分析与研究假设

一、理论分析

本书以计划行为理论为支撑，提出研究假设，以结构方程模型为分析工具，分析在政府规制和市场因素的外部环境下，影响农户安全使用兽药行为的作用机理。

1. 计划行为理论

计划行为理论是在多属性态度理论和理性行为理论的基础之上发展起来的一种社会心理学中著名的行为关系理论（Fishben and Ajzen, 1975; Ajzen and Fishben, 1980）。该理论认为，个体行为由意愿直接影响，而意愿又会受到态度、主观规范和知觉行为控制的作用。Ajzen（1991）认为，行为态度是指个体对执行特定行为的喜好程度的评价；主观规范则是指个体在感知压力后完成一定行为，是农户受到主要组织或个人的影响；知觉行为控制是行为个体所能感知到的某项行为完成的困难程度，是一种对促进或阻碍执行行为因素的知觉。图7-2表示的是计划行为理论的结构模型。

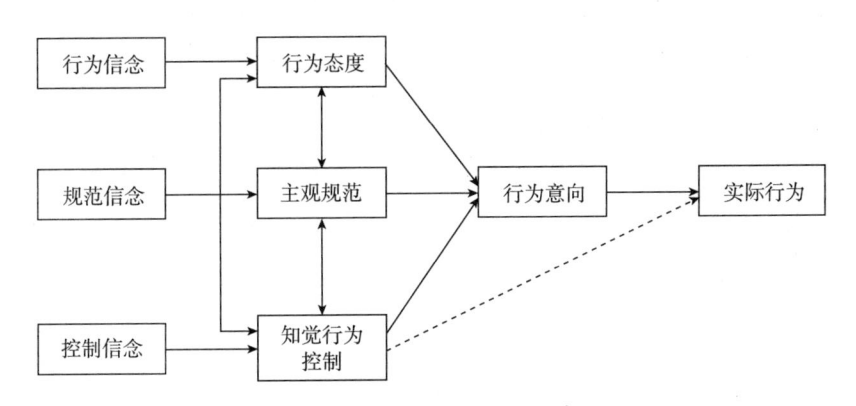

图7-2 计划行为理论的结构模型

事实上，计划行为理论已被学者们运用于农户使用生产资料（兽药、农药）的行为及其影响因素之间关系的研究中。例如，养殖户对于质量的控制决策行为不会受到农户道德责任感的影响，而是道德责任感可以通过行为态度和行为目标两个中介变量最终提升农户的质量控制决策能力（王瑜、应瑞瑶，2011）。程琳等（2014）认为，菜农实施质量安全行为主要是受行为态度影响,进一步分析发现,专业化程度、参加合作社和降低风险等因素是其实施质量安全控制行为的根本原因。张晖等(2011)实证分析农户参与畜禽粪便无害化处理意愿影响因素,回归结果与计划行为理论所提假设相符。

同时,计划行为理论又是一个开放的模型,在该模型中引入对行为或行为意向有重大意义的变量可使模型更加缜密。根据以舒尔茨为代表的理性小农理论,农户行为像资本主义企业一样是"理性"的,追求利润最大化的,人们最关心的仅仅是自己的安全和利益。本书分别从"态度""主观规范""知觉行为控制"三个方面考虑影响农户安全使用兽药行为的因素,并适当增加有关因素,人们所处的外部环境(政府规制和市场因素)通过影响人们的行为理念来直接影响其行为态度、主观规范和知觉行为控制,并最终影响其使用兽药行为(周洁红,2006)。因此,本书将政府规制和市场因素等外部环境因素纳入计划行为理论模型中。

(1) 农户对安全使用兽药行为的态度。2011年"瘦肉精"事件发生后,生猪产品销量直线下降,农户养殖收入受到很大影响,同时养殖户安全使用兽药,有利于饲养出质量安全的生猪产品,在赢得别人尊重的同时,也获得了一定的声望。因此,农户的行为态度越端正,安全使用兽药的意识就会越强烈。

(2) 农户对安全使用兽药行为的主观规范。农户使用兽药行为的主观规范受到"外在重要团体"对其兽药使用行为的期望,以及他们是否顺从"外在重要团体"所抱持的期望意向的影响。与农户联系十分紧密的外在团体,主要是周围的农户和同行。周围农户的建议和同行使用兽药行为的示范作用作为一种非正式的约束,对农户的安全使用兽药行为产生影响。除此之外,新闻媒体的宣传引导作用也是十分重要的,农户自身可能对于农业技术的标准判断不清,例如,有一部分农户认为,大量使用兽药可以快速治好动物疾病,那么新闻媒体所传播的期望意向,会在一定程度上提高农户安全使用兽药行为发生的主动性和自律性。

（3）农户对安全使用兽药行为的知觉行为控制。农户对使用兽药行为因素的知觉体现在资源禀赋和预期困难两个方面（陈雨生、房瑞景，2011）。在资源禀赋方面，该因素主要体现在安全兽药和动物免疫方面。养殖户通过使用质量有保证的安全兽药和对生猪进行免疫接种，都可以对生猪疾病起到很大的预防和治疗作用。在预期困难方面，该因素主要体现在养殖户所养的生猪是否质量安全以及养质量安全的猪是否容易两个方面。

（4）其他因素。通过理论分析和对样本个体的描述性统计分析可知，政府规制和市场因素会影响养殖户安全使用兽药行为。因此，本书将政府规制（监管和激励）和市场因素（市场收益和市场组织模式）共同纳入计划行为理论模型，能够更好地研究养殖户安全使用兽药行为。

2. 结构方程模型

结构方程模型，又有学者将其称为潜变量模型，是一种基于变量的协方差矩阵对变量之间关系进行分析的一种统计方法。结构方程模型能够更好地处理各个潜在变量之间的关系，从而进行更加普遍性的测量，国内学者采用结构方程模型和计划行为理论相结合的方法来研究农户的生产行为及其影响因素。周利平等（2014）以计划行为理论来分析构建农户参与用水协会行为的影响因素，并运用结构方程模型对各个因素进行显著性分析。侯博（2015）通过低碳生产意向检验计划行为理论对农户采用低碳生产研究的普适性。赵建欣等（2009）以浙江等三省510个农户为调查样本，以计划行为理论作为分析框架，通过结构方程模型和多元回归模型对农户安全蔬菜供给的决策机制进行研究，结果表明，行为意向、政府规制和蔬菜的交易方式等因素都会对农户的生产决策起到直接影响。吴林海等（2013）也采用同样的方法，实证分析了江苏省农户的农药残留感知以及农药使用行为的影响因素。从本质上来看，养殖户安全使用兽药行为是在疾病和市场风险条件下的一种风险规避行为，养殖户安全使用兽药行为受个体行为态度、主观规范、知觉行为控制以及外部环境（政府规制、市场因素）等因素的共同影响，适合采用计划行为理论框架。因此，本书采用计划行为理论和结构方程模型相结合的方法，探究在外部环境的制约下，养殖户安全使用兽药行为的作用机理是恰当的。

基于上述理论分析和研究假设，本书构建如图7-3所示的理论模型。

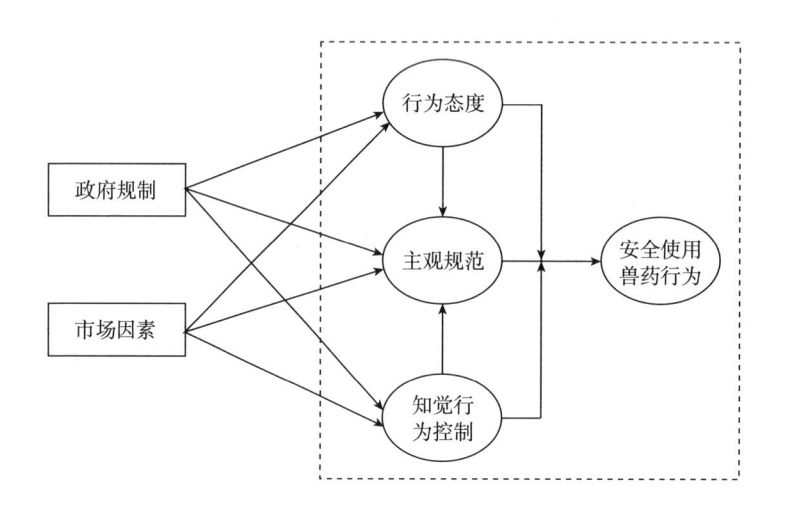

图7-3 政府规制、市场因素对农户安全使用兽药行为作用机制的理论模型

该理论模型与以往研究最大的不同之处在于：在养殖户安全使用兽药行为置于政府规制（政府激励和政府监管）和市场因素（市场收益和市场组织模式）两大外部约束条件之下，深入研究农户安全使用兽药的作用机理，有利于探讨外部环境对于农户自身心理决策机制的影响路径和作用方向。

二、研究假设

基于以上分析，本书提出如下研究假设：

1. 政府规制

政府规制是一种正式的制度安排，对农户安全使用兽药行为具有显著影响，政府部门的宣传教育、对生猪产业的直接补贴和间接补贴、出售之前的检验检疫以及生产过程中的监督管理等具体措施通过影响农户的行为态度、主观规范和知觉行为控制最终会影响到农户安全使用兽药行为，在此假设：

假设1：政府规制对农户态度有影响。

假设2：政府规制对农户主观规范有影响。

假设3：政府规制对农户知觉行为控制有影响。

2. 市场因素

市场因素主要包括两个方面的内容，一方面，是企业提供兽药和提供兽药使用方面的技术指导；另一方面，是养殖户通过使用兽药，获得更大的市场收益，即在保障生猪市场供给量的同时，农户因使用安全兽药而获得更好的市场价格和消费者认可度，在此假设：

假设4：市场因素对农户态度有影响。

假设5：市场因素对农户主观规范有影响。

假设6：市场因素对农户知觉行为控制有影响。

3. 行为态度

农户对安全使用兽药行为的态度会影响主观规范，也会对农户的安全使用兽药行为产生影响，在此假设：

假设7：农户行为态度对主观规范有影响。

假设8：农户行为态度对安全使用兽药行为有影响。

4. 主观规范

主观规范表示养殖户在与周围邻居、同行接触以及新闻媒体的宣传影响之下，在养殖过程中对自己使用兽药行为的一种规范活动，在此假设：

假设9：农户主观规范对安全使用兽药行为有影响。

5. 知觉行为控制

农户知觉行为控制是主观上对安全使用兽药行为的一种控制程度的衡量，除了包括农户所养的猪很安全和养质量安全的猪很容易之外，还包括通过使用兽药和动物免疫来达到预防和治疗动物疾病的目的，在此假设：

假设10：农户知觉行为控制对主观规范有影响。

假设11：农户知觉行为控制对安全使用兽药行为有影响。

6. 农户安全使用兽药行为

本书在参照王瑜（2009）、王海涛（2012）等研究成果的基础上，结合实际对生猪养殖户使用兽药方面的信息，采用"您认为现在所使用兽药的质量没有问题""对兽用处方药的了解程度""您对所使用的兽药是否进行用药记录和是否严格遵循休药期"等指标来衡量农户安全使用兽药行为。

第四节 研究设计与方法

一、量表设计

本书以李克特五级量表对问题进行测量，在心理学和管理学领域都得到广泛应用的李克特五级量表法，可以保证问题在填答过程中具有较高的内部一致性。同时，李克特量表能够有效地避免在回答问题的过程中，简单地用"是"或"否"来回答，在满足了对主观性判断问题测量的同时，又可以很好地获得测算结果从而用于定量数据分析。本书采用问卷调查的方法，以生猪养殖户作为研究对象，主要考察在政府规制和市场因素的外部制约环境下，农户行为态度（Attitude Toward the Behavior，Atb）、主观规范（Subject Norm，Sn）和知觉行为控制（Perceived Behavior Control，Pbc）等心理决策变量对农户安全使用兽药行为（Behavior，Beh）产生作用的影响路径和机理。具体的统计变量特征如表7-3所示。

表7-3 假设模型变量

潜变量	可测变量		
	变量名称	均值	标准差
政府规制（Regu）	政府加大对兽药方面的宣传和教育工作很有意义（Regu1）	4.04	1.020
	生猪方面的补贴政策会影响您的兽药使用行为（Regu2）	4.17	0.956
	生猪出栏前的检验检疫对您使用兽药行为有影响（Regu3）	4.04	0.979
	生猪养殖过程中的监管对您使用兽药行为有影响（Regu4）	4.13	0.935
市场因素（Mark）	企业的技术指导对兽药使用有帮助（Mark1）	3.84	1.043
	企业提供安全兽药对生产有帮助（Mark2）	3.55	1.142
	使用质量好的兽药能提高生猪出栏率（Mark3）	3.89	1.111
	使用质量好的兽药能够保障生猪质量（Mark4）	3.57	1.144
	使用质量好的兽药，生猪会有更高的出栏价格（Mark5）	3.51	1.169
行为态度（Ab）	"瘦肉精"事件的曝光影响很大（Ab1）	4.15	1.066
	使用安全兽药能获得更多的收入（Ab2）	4.15	1.046
	养殖质量安全的猪可以赢得别人的尊重（Ab3）	3.87	1.098
	在同行中，养质量安全的猪可以获得一定声望（Ab4）	4.05	0.984
主观规范（Sn）	周围农户的建议会影响您使用兽药行为（Sn1）	3.84	0.984
	新闻媒体的宣传对您使用兽药有影响（Sn2）	3.69	1.008
	同行使用药物情况对您有影响（Sn3）	4.03	1.017
知觉行为控制（Pbc）	您认为养殖的猪很安全（Pbc1）	3.78	1.054
	养质量安全的猪很容易（Pbc2）	3.81	1.072
	用安全兽药可以更好地控制动物疾病（Pbc3）	3.94	1.083
	动物免疫对预防疾病十分重要（Pbc4）	4.01	1.043

续表

潜变量	可测变量		
	变量名称	均值	标准差
安全使用兽药行为（Beh）	您认为所使用兽药的质量没有问题（Beh1）	3.71	1.135
	您对兽用处方药情况不了解（Beh2）	3.55	1.101
	您对所使用的兽药不进行用药记录（Beh3）	3.88	1.019
	您在养殖过程中严格遵循休药期的规定（Beh4）	2.89	1.424

二、计量模型与估计方法选择

在政府规制和市场因素的外部环境下，农户安全使用兽药行为、行为态度、主观规范、知觉行为控制等属于主观认知，不适合直接测量。所以采用结构方程模型讨论各潜变量间的因果关系。模型表达式如下：

$$x = \Lambda_x \xi + \delta \tag{7-1}$$

$$y = \Lambda_y \eta + \varepsilon \tag{7-2}$$

$$\eta = B\eta + \Gamma\xi + \zeta \tag{7-3}$$

主要有五种方法可以对结构方程模型进行系数估计：即极大似然法（Maximum Likelihood，ML）、一般化最小平方法（Generalized Least Squares，GLS）、未加权最小平方法（Unweighted Least Squares，ULS）、尺度自由最小平方法（Scale - Free Least Squares，AFLS）、渐进分布自由法（Asymptotically Distribution - Free，ADF）。其中，Amos17.0软件将极大似然估计ML法作为软件默认的估计方法，大量的研究结果表明，这种估计方法更加准确，对样本数据是否服从正态分布进行检验，若峰度在8以上，偏度超过3，则可能呈现偏分布，而当峰度系数值在20以上时，表明数据的峰度值和正态分布峰度值差距极大（Kine，1998）。因此，首先对样本数据进行正态性检验，结果表明，在1%的显著性水平下，所用数据变量通过正态分布假设，故将极大似然估计

ML法作为农户安全使用兽药行为模型的估计方法。

第五节　实证分析

一、效度与信度检验

效度检验主要是从内容效度和建构效度两个方面展开。内容效度是指对问题所设计的测量题目指标是否恰当和具有代表性。本书的变量选取是基于其他学者对于农户安全生产行为的研究成果之上，因此，内容结构具有较好的逻辑基础，即认为所选指标内容效度良好，其中关于养殖户安全使用兽药行为变量的测量主要参考了周洁红（2006）和王瑜等（2009）的变量选取，政府规制和市场因素方面的变量主要参考了周峰（2007）和刘军弟（2009）的指标选取。建构效度是指理论的特质或概念能被测量样本反应的程度，在对各组变量进行 KMO 和 Bartlett 球形度检验之后，结果如表 7-4 所示，数据结果表明，所构建的各组指标 KMO 数值均在 0.7 以上，数据可靠性可以接受；样本分布 Bartlett 球形度检验值达到显著性效果，并且累计方差贡献率较高，最低的一组是安全使用兽药行为组，累计方差贡献是 67.517%。同时对各个变量进行信度检验，政府规制、市场因素、行为态度、主观规范、知觉行为控制以及安全使用兽药行为的克伦巴赫系数（Cronbach's Alpha）分别为 0.897、0.834、0.864、0.858、0.850 和 0.764，表明各组变量之间的内部性较好。因此，可以认为对所取得的数据进行分析，结果是真实可靠的。

表 7-4 信度与效度的分析结果

变量	测量题项	KMO	Bartlett 球形度检验	因子共同成分	累计方差解释（%）	Cronbach's Alpha
Regu	Regu01	0.842	729.576	0.898	76.479	0.897
	Regu02			0.883		
	Regu03			0.874		
	Regu04			0.842		
Mark	Mark01	0.844	541.392	0.676	70.143	0.834
	Mark02			0.813		
	Mark03			0.759		
	Mark04			0.829		
	Mark05			0.792		
Ab	Ab01	0.800	582.478	0.836	71.116	0.864
	Ab02			0.885		
	Ab03			0.829		
	Ab04			0.822		
Sn	Sn01	0.722	428.109	0.902	77.984	0.858
	Sn02			0.896		
	Sn03			0.851		
Pbc	Pbc01	0.814	506.963	0.845	69.091	0.850
	Pbc02			0.848		
	Pbc03			0.801		
	Pbc04			0.830		
Beh	Beh01	0.765	384.720	0.839	67.517	0.764
	Beh02			0.835		
	Beh03			0.843		
	Beh04			0.691		

同时，借助于标准化回归系数（因素负荷量）估计值计算出潜变量的组合信度（Composite Reliability）。该指标用于检验潜变量信度情况，计算公式如式（7-4）所示，其中，ρ_c 是组合信度，λ 为标准化参数估计值，θ 为误差

变异量。若组合信息值大于 0.6，则表示模型内在质量良好。

$$\rho_c = \frac{(\sum \lambda)^2}{[(\sum \lambda)^2 + \sum (\theta)]} \quad (7-4)$$

平均方程抽取量与组合信度类似，用于反应测量误差所占潜在构念变量的份额，平均方差越小，指标变量被潜在构念解释的比例越小。其计算公式如式 (7-5) 所示。

$$\rho_v = \frac{(\sum \lambda^2)}{[(\sum \lambda^2) + \sum (\theta)]} \quad (7-5)$$

借助于式（7-4）和式（7-5），对政府规制、市场因素、农户态度、主观规范、知觉行为控制以及养殖户安全使用兽药行为等变量的组合信度和平均方差抽取量进行计算，结果分别为：(0.8919，0.6735)、(0.8379，0.5095)、(0.8552，0.5964)、(0.8325，0.6253)、(0.8513，0.5896)、(0.7692，0.4633)。以上结果表明，所建构模型内在质量良好。

二、参数检验与拟合评价

结构方程模型的拟合结果如表 7-5 所示，模型整体拟合检验结果显示，各个评价指标均达到了理想状态，模型整体的拟合度较好。

表 7-5 结构方程模型整体拟合度评价标准及拟合评价结果

	统计检验量	适配的标准或临界值	拟合值	拟合评价
绝对适配度指数	χ^2	P>0.05	0.855	理想
	RMSEA	<0.08	0.000	理想
	GFI	>0.90	0.962	理想
	AGFI	>0.90	0.930	理想

续表

统计检验量		适配的标准或临界值	拟合值	拟合评价
增值适配度指数	NFI	>0.90	0.970	理想
	IFI	>0.90	1.004	理想
	CFI	>0.90	1.000	理想
简约适配度指数	χ^2/df	<2.00	0.883	理想

注：渐进残差均方和平方根（Root Mean Square Error of Approximation，RMSEA）；适配度指数（Goodness-of-Fit Index，GFI）；调整后适配度指数（Adjusted Goodness-of-Fit Index，AGFI）；标准适配指数（Normed Fit Index，NFI）；增值适配指数（Incremental Fit Index，IFI）；比较适配指数（Comparative Fit Index，CFI）。

三、结构模型的路径分析

表7-6和图7-4给出了农户态度、主观规范、知觉行为控制变量，以及政府规制和市场因素等潜在变量与其各测量题项间的路径系数、标准误差和显著性。

表7-6 结构方程模型的路径系数

	路径	参数估计值	标准误 S.E.	临界比 C.R.	标准化路径系数
结构模型	Ab←Regu	0.354	0.080	4.447	0.333***
	Sn←Regu	0.199	0.091	2.181	0.180**
	Pbc←Regu	0.524	0.082	6.385	0.460***
	Ab←Mark	0.474	0.077	6.122	0.525***
	Sn←Mark	0.123	0.086	1.425	0.132
	Pbc←Mark	0.467	0.074	6.298	0.483***
	Sn←Ab	-0.160	0.102	-1.577	-0.154
	Sn←Pbc	0.771	0.146	5.287	0.796***
	Beh←Ab	0.459	0.191	2.403	0.322**
	Beh←Sn	1.012	0.333	3.037	0.940***
	Beh←Pbc	-0.331	0.420	-0.788	-0.318

续表

	路径	参数估计值	标准误 S.E.	临界比 C.R.	标准化路径系数
测量模型	Regu01←Regu	1.153	0.073	15.835	0.840***
	Regu02←Regu	1.044	0.070	14.946	0.812***
	Regu03←Regu	1.100	0.070	15.817	0.834***
	Regu04←Regu	1.000	—	—	0.796
	Mark01←Mark	0.737	0.076	9.636	0.618***
	Mark02←Mark	0.963	0.082	11.683	0.739***
	Mark03←Mark	0.913	0.083	11.056	0.722***
	Mark04←Mark	0.955	0.075	12.792	0.732***
	Mark05←Mark	1.000	—	—	0.750
	Ab01←Ab	1.000	—	—	0.749
	Ab02←Ab	1.054	0.068	15.480	0.799***
	Ab03←Ab	1.048	0.088	11.847	0.755***
	Ab04←Ab	0.974	0.081	12.066	0.785***
	Sn01←Sn	1.000	—	—	0.831
	Sn02←Sn	0.860	0.058	14.873	0.695***
	Sn03←Sn	1.046	0.074	14.218	0.838***
	Pbc01←Pbc	0.980	0.069	14.241	0.789***
	Pbc02←Pbc	0.972	0.066	14.723	0.770***
	Pbc03←Pbc	0.888	0.069	12.930	0.693***
	Pbc04←Pbc	1.000	—	—	0.814
	Beh01←Beh	1.000	—	—	0.777
	Beh02←Beh	0.774	0.068	11.321	0.622***
	Beh03←Beh	0.916	0.068	13.509	0.794***
	Beh04←Beh	0.774	0.098	7.903	0.482***

注：临界比（Critical Ratio）等于参数估计值（Estimate）与估计值标准误（the Standard Error of Estimate）的比值，相当于t检验值，如果此比值绝对值大于1.96，则参数估计值达到5%显著水平，临界比值绝对值大于2.58，则参数估计值达到1%显著水平。带"—"的四条路径表示本书将其作为结构方程模型参数估计的基准。**、***分别表示在5%、1%的水平上显著。

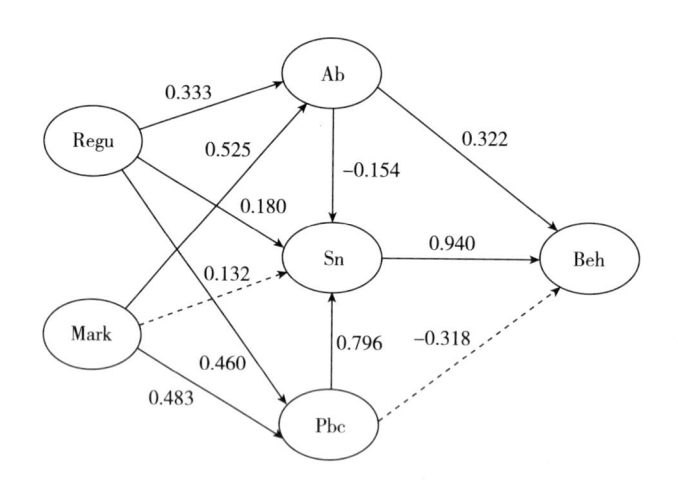

图 7-4 修正后的结构方程模型

注：实线表示通过了显著性检验，虚线表示未通过显著性检验。

1. 结构模型的路径分析

（1）政府规制对行为态度、主观规范和知觉行为控制的影响（见图 7-4）。其中，政府规制对农户态度、主观规范和知觉行为控制的影响在 5% 或 1% 显著性水平上通过了检验，标准化系数分别为 0.333、0.180 和 0.460。政府规制对农户安全使用兽药的知觉行为控制有较大影响，农户越是要掌控所饲养生猪的质量安全，就会越留意外界环境中的有价值信息，一旦政府的宣传工作或对于生猪产业的扶持政策发生变化，以及政府强化生猪饲养环节的监管力度，都极易引起农户调整自己的生产行为，由此可以证实假设 3 成立。同时，政府规制对农户养殖过程中所抱持的"态度"有显著影响，政府对于食品安全问题曝光以及对于生猪产业的支持，都将对生产者主观心理造成影响，农户同时也会感受到来自于其他农户态度所发生的转变，由此验证假设 2 成立。

（2）市场因素对农户态度、主观规范和知觉行为控制的影响。市场因素对农户行为态度的标准化路径系数是 0.525，通过了 1% 的显著性检验，假设 4

成立。由此表明，农户对兽药的使用态度取决于市场因素，农户在生产中规范养殖行为，如果在市场交易中能够获得更高的收入或得到更好的市场认可度，那么农户会端正兽药使用态度。同时，企业为农户提供质量安全的兽药，对于农户使用兽药态度也有一定影响。而市场因素对主观规范的影响不成立，可能是由于同行的生产行为或新闻媒体关于食品安全方面的宣传，具有一定的真实客观性，较少受到市场因素的制约，仅以事实为依据。农户知觉行为控制受到市场因素的影响，生猪养殖过程中需要较强的专业技术指导，农户和企业或合作社之间通过"公司+农户""公司+合作社+农户"等形式合作，不仅能够获取稳定的产品销售渠道，对于农户的安全生产行为也具有好处。

（3）农户态度、主观规范和知觉行为控制对农户安全使用兽药行为的影响。农户主观规范的标准化路径系数为 0.940，对农户安全使用兽药行为影响最大，假设 9 成立。表明农户个体在执行特定行为时，会受到对自己而言重要的他人或团体的影响，养殖户在生产过程中经常受到周围养殖户行为的影响，当周围养殖户的安全生产观念较强时，周围养殖户对本养殖户药物规范使用行为的期望就高，这将会给本养殖户带来规范药物使用行为方面的压力，提高其兽药使用行为的合理性（陈雨生、房瑞景，2011）。知觉行为控制对农户使用兽药行为的标准化路径是 -0.318，未通过显著性检验，研究假设 11 不成立。表明知觉行为控制对农户安全使用兽药行为只存在间接效应，而不存在直接效应，其原因可能是在计划行为理论中，知觉行为控制变量是最受争议的一个概念，提高知觉行为控制的测量法和技巧是走出其理论困境的最佳选择（Rhodes and Courneya，2003）。

2. 测量模型的路径分析

通过表 7-6 可以看出，各测量模型的拟合结果如下：

（1）Regu01 的标准化路径系数是 0.840，是政府规制潜变量中影响最大的变量指标。表明在当前一个发展阶段，我国政府依靠新闻媒体等多种形式对食品质量安全方面的宣传教育工作对农户生产行为具有重要作用。新闻媒体特别是电视对于食品安全危害的报道和传播，有利于农户增加对于安全使用兽药重要性和必要性的认识，进而更好地提高政府在生猪生产领域的规制水平。同时，政府应强化其他规制手段，例如，进一步落实生猪产业扶持政策，加大对规模化养殖补贴的力度；做好生猪出栏前的检验检疫工作，为消费者购买安全猪肉产品保驾护航；对兽药生产企业强化监管，稳步推进兽药处方药和非处方管理，加强基层兽药队伍建设和执业兽医师考核标准；鼓励企业和农户之间建立合作关系，通过企业带动农户的方式，有利于规范农户的生产行为。

（2）Mark02 的标准化路径系数是 0.739，是市场因素潜变量中影响最大的特征因素。说明农户迫切地需要借助于市场机制来降低交易成本，进而达到规避风险的目的。例如，农户可以通过与相关的屠宰加工企业签订收购合同，在养殖前规定交易双方的权利、责任和义务，从而可以有效地避免盲目扩大生产所可能导致的各类摩擦的发生，从而使农户获得稳定的市场收益。另外，企业作为一种产业化组织形式，在生产资料获取和技术推广等方面，较农户个体有很大的优势。因此，农户通过与农牧企业合作，能够将养殖过程中的风险转嫁给企业，实现风险共赢。

（3）Ab02 的标准化路径系数是 0.799，是农户态度潜变量中影响最大的特征因素，表明农户是否安全使用兽药的态度主要取决于能否取得更高的收入；Sn03 的标准化路径系数是 0.838，是主观规范潜变量中影响最大的特征因素，说明在农户所感知到的外界压力中，同行所使用兽药情况会直接影响自己的用药行为。Pbc01 的标准化路径系数是 0.789，是知觉行为控制变量中影响最大的特征因素，表明农户对于自己所养殖生猪的质量安全感知程度，是构成其知觉行为控制信念的代表因素。

第六节 本章小结

本书以对辽宁省生猪养殖户实际调查为依据，运用计划行为理论与结构方程模型相结合的方法，系统地分析了政府规制、市场因素对养殖户安全使用兽药行为的影响关系，包括具体的作用路径及其影响程度如下：

第一，农户对于自己所用兽药的质量安全存有顾虑，从企业获得兽药或政府加强对兽药产品质量的监管，在一定程度上能降低养殖户的这种顾虑；2014年3月1日开始正式实施的《兽药处方药和非处方药管理办法》对于规范我国兽药管理和使用具有重要的现实意义。但在当前阶段的实施执行情况并不乐观，有73.27%的农户明确表示不知道兽药处方药管理办法，且不了解兽药处方药都包括什么兽药种类；农户在生产过程中，对所用兽药情况进行记录的比例很低，政府宣传教育工作能提高农户认识记录使用兽药工作的重要性；在养殖过程中不关注兽药休药期的农户，占到样本农户的46.12%，接近半数，农户不遵守兽药休药期与不了解兽药休药期的重要性有关。

第二，农户安全使用兽药行为受其态度和主观规范的直接影响，受知觉行为控制的间接影响。企业管理者经常说的一句话是"态度决定行为"，态度和行为具有高度的一致性。一旦确定农户安全使用兽药的态度，就会对其实际行为产生直接的影响，农户所抱持的态度是一种倾向性的心理准备状态，同时对农户行为具有稳定性的影响特征。主观规范是农户在安全使用兽药前所承担的来自各个方面的压力，这是其他社会群体对农户的影响力，而在具体的生产过程中，农户往往会表现出一种与大众趋于一致的"从众心理"状态，将促使其在使用兽药行为上保持一致，而农户的知觉行为控制通过影响主观规范，间接影响农户安全使用兽药行为，可能与知觉行为控制是计划行为理论中最受争议的一个概念有关。

第三，政府规制通过影响农户态度、主观规范和知觉行为控制间接影响农户安全使用兽药行为。其中，政府规制通过影响农户态度，间接影响养殖户安全使用兽药行为的间接效应是 0.1072；政府规制通过影响主观规范，间接影响安全使用兽药行为的间接效应是 0.1692；政府规制通过影响知觉行为控制、主观规范进而影响安全使用兽药行为的间接效应是 0.0987。说明政府规制主要是通过影响农户的主观规范，进而影响农户安全使用兽药行为的。其中，政府规制所依靠的手段主要是通过新闻媒体等大众传播途径对农户进行宣传和教育，且政府有必要加强对生猪产业的扶持力度，强化生猪出栏前的检验检疫和生产环节的质量监督机制。

第四，市场因素通过影响农户态度和知觉行为控制、主观规范间接影响农户安全使用兽药行为。其中，市场因素通过影响农户态度间接影响安全使用兽药行为的间接效应是 0.1691；通过影响知觉行为控制、主观规范进而影响安全使用兽药行为的间接效应是 0.3614。说明市场因素主要是通过知觉行为控制，进而影响农户安全使用兽药行为。其中，市场组织模式中为养殖户所提供的质量安全的兽药，对于农户安全使用兽药行为最重要。因此，保障农户获取质量安全的生产资料是农户饲养好生猪的前提保证。

第八章 研究结论、政策建议与研究展望

第一节 研究结论

随着社会对食品质量安全的重视,兽药残留等问题越来越受到大家的关注,农户在生猪饲养过程中,存在不规范兽药使用行为,对人们的身体健康和环境造成了极大的伤害。本书利用2014年对辽宁省生猪养殖户的入户调查数据,从养殖户使用违禁兽药行为、养殖户过量使用兽药行为和养殖户安全使用兽药行为三个方面,实证分析了农户在生猪疾病预防和治疗过程中,使用兽药的种类、数量和操作规范性问题,并得出如下主要结论:

一、养殖户使用违禁兽药行为方面

对生猪养殖户使用违禁兽药行为进行了描述和分析,通过引入风险偏好、

外部信息有效性和政府规制等变量,分析农户使用违禁兽药的微观影响因素,结论如下:

(1)在生猪养殖过程中,农户存在使用"氯丙嗪""利巴韦林"等违禁兽药的情况,农户在关于国家违禁兽药种类"不知情"的情况下,所选购和使用违禁兽药和兽药、饲料零售商的推荐有很大关系;而农户在了解兽药情况的前提下依然使用违禁兽药,与农户看重违禁兽药的药效以及追求最大利益有关。

(2)农户的风险偏好类型是影响其使用违禁兽药的重要因素,风险爱好型农户更具有使用违禁兽药的动机,因为相较于风险规避型农户而言,风险爱好型农户宁愿冒较大的"风险"来追求更好的市场收益,而鉴于当前我国生猪生产环节监管匮乏,以及农户与市场组织连接不紧密的现实情况,农户在生产中所能受到的约束限制就更少。

(3)农户获得的外部信息失效,是部分农户使用违禁兽药行为的发生原因之一。农户更加关注的是所用兽药的效果,而对于兽药本身是否符合国家标准没有很好的鉴别能力,对此也并不关注。从农户获取兽药方面的信息渠道来看,有44.19%的农户是通过"兽药、饲料零售店"的推荐来获取兽药信息;有24.65%的农户是通过和"基层兽医"的接触来获取信息;有10.7%的农户是在"朋友或熟人的推荐"之下来获取有价值的兽药信息。随着我国科学技术水平的快速发展,互联网等新型媒体手段为农户获取信息提供了更加广泛的渠道来源,但农户获取信息、筛选和甄别有价值兽药信息的能力并没有得到提高,"兽药、饲料零售店"和"基层兽医"依然是农户最主要和有用的信息获取渠道,而"兽药、饲料零售店"为了获得农户对兽药的认可,增加本店兽药销售量,向农户提供不完全的兽药信息,我国现阶段基层兽医体制所面临的困境,也会是制约农户不规范生产行为,造成农户使用违禁兽药的客观条件。

（4）在政府规制方面，对出栏前生猪的检验检疫对养殖户使用违禁兽药行为具有显著的约束性，政府监管力度越大，养殖户使用违禁兽药的概率将会降低。由于养殖户的生产行为以及对生产资料的选购行为具有随意性，因此，政府监管所需支付的"成本"较高。政府规制不仅要体现在"监管"方面，更要以适当的形式"激励"养殖户提供质量安全的生猪产品。

（5）养殖户与相关企业合作以及市场价格因素对养殖户使用违禁兽药行为具有显著的影响。养殖户在超额利润的吸引下，无视违禁兽药可能对人体健康造成的危害，在生猪市场上实现生猪产品"优质"和"优价"相结合，减少消费者和生产者之间的商品信息不对称性，以及通过企业与农户合作，增加企业对相关技术的培训和指导，对于养殖户使用违禁兽药行为具有显著的约束作用。

二、养殖户过量使用兽药行为方面

兽药作为现代畜牧业生产中重要的投入要素之一，具有预防和治疗动物疾病，保障农户获得稳定收入的重要作用。但是，在实际的生产过程中，一方面，兽药的过量使用行为会提高养殖户生产成本；另一方面，又可能会对动物造成毒性作用进而引起兽药残留，从而危害消费者身体健康。本书通过对辽宁省生猪养殖户过量使用兽药行为进行实证分析，结果表明：

（1）在生猪疾病诊断和治疗过程中，农户在使用兽药时普遍存在兽药过量使用的行为，其中有31.47%的农户明确表示超过兽药说明书标准过量使用兽药，而有11.2%的农户在使用兽药时，所用兽药剂量比较随意，这些行为的发生都将为猪肉产品的质量安全埋下隐患。

（2）农户过量使用兽药或盲目使用兽药，一方面，会增加农户为养殖生猪所花费的生产资料支出成本（兽药等费用）；另一方面，并不会因此而提高农户的兽药边际生产率,即并不会增加养殖户的家庭收入,这是一种"非理性均衡"状态。

(3)虽然政府规制中的强制免疫、补贴以及售前检验检疫对农户使用兽药量具有一定的约束作用,但政府在为农户提供强制免疫的疫苗时,一定要保障农户拿到手的疫苗都是安全、有效的;在为养殖户发放政策性补贴时,应尽量减少中间环节,保障农户直接拿到生猪补贴,同时加大信息公开力度,便于农户共同监督政府对生猪产业扶持政策的执行情况;今后,政府应强化生猪售前的检验检疫力度,尽快研发快速检测猪肉品质的化验技术,对于不合格的生猪产品,立即没收销毁。

(4)市场收益保证是农户在养殖过程中过量使用兽药的根本原因,农户想通过加大兽药使用剂量来达到预防和治疗动物疾病的目的,从而保障生猪出栏率和在市场销售过程中获得更高的销售价格,由于缺乏有效的监督管理机制,农户通过过量使用兽药可能会暂时性地获得更多的收益。

(5)市场组织模式对农户过量使用兽药行为不显著,表明在我国当前的环境条件下,农户参与市场经营的程度较低,不能充分利用企业可能为自己提供的便利条件,同样也不会受到企业组织的有效制约,因此,生产行为比较随意。

第二节 政策建议

作为使用兽药直接主体的生猪养殖户,其生产行为对生猪产品质量安全至关重要。但是,目前我国养殖户确实存在不规范的兽药使用行为,并且在短期内难以彻底改变。因此，必须以科学的态度来对待这一问题。一方面，我们要认识到养殖户使用违禁兽药行为、过量使用兽药行为以及使用兽药操作不规范等负面行为的危害；另一方面，也要从政府、市场和养殖户三个主体的角度来思考如何能够规范农户的使用兽药行为。其中，在政府规制方面，应提高政府规制水平，提高政府规制的效率，将政府监督管理和政策法规激励相结合，同时注意政府规制所产生的规制成本问题；在市场因素方面，应健全市场保障体系，完善市场价格调控机制，做到市场和政府相互配合，充分发挥市场组织模式功能；在养殖户方面，强化养殖户对食品质量安全重要性的意识，提高养殖户使用兽药规范性行为。最终实现从生产源头处保障生猪产品的质量安全。

一、应对养殖户使用违禁兽药行为的政策建议

基于目前农户在生猪养殖过程中，存在使用违禁兽药的客观现实，当务之急就是通过各种形式的宣传和教育工作，增强养殖户科学使用兽药的意识，做到"以防代治，防治结合"。同时重视基层兽医队伍建设，提高兽医从业人员为农户服务的能力，稳步推进职业兽医师从业制度，提高对兽医从业人员的管理工作。推进兽药服务体系建设，降低农户获取兽药使用信息方面的交易成本。同时，完善市场保障机制和产品质量分离机制，依靠生猪产业保险政策提高养殖户抵御风险的能力，不同质量的农产品分类销售，有效激励养殖户从事规范的生产行为。

1. 引导广大生猪养殖户树立科学使用兽药的意识

通过宣传和教育工作，普及兽药使用技术和疾病防治知识，转变养殖户使用兽药的观念，使用兽药应当做到"预防为主，防治结合"。任何生猪疾病都可能会造成农户经济损失，影响生猪健康生长，养殖户应该对不同时期易发的动物疾病做到提前预防，合理消毒生猪饲养环境，提高动物免疫力，只有这样

才能提高生猪防病能力，进而节约因暴发生猪疾病而可能消耗的治疗成本。让广大养殖户认识到使用违禁兽药、过量使用兽药等行为可能造成的危害。引导养殖户在选购、使用兽药的过程中，除了要考虑到兽药的使用效果，还要综合考虑消费者身体健康、动物福利和环境污染问题，最大限度地降低兽药的负面影响，做到真正用好兽药，科学合理地提高兽药使用效率。

2. 加强基层兽医队伍建设，提高基层兽医服务能力

随着我国畜牧业发展水平的不断进步和提高，兽医服务工作在畜牧业发展和进步中的作用越来越重要。目前中国兽医队伍从业人员主要有四类：乡镇兽医站工作人员、兽药及饲料等企业所聘的员工、协助基层防疫检疫人员从事动物免疫的乡村动物防疫员，其他从事兽医诊疗的工作人员。从整体发展水平上来看，兽医行业还存在很多问题，例如，兽医工作者诊疗条件落后，从事兽医工作的人员医疗素质不过关等问题。为了更好地加强基层兽医队伍建设，充分发挥基层兽医的医疗服务能力，保障畜牧业的健康发展，必须提高基层兽医服务能力的质量。

执业兽医师承担动物疾病治疗、人工授精、协助官方兽医开展重大动物疾病疫情的报告和检验检疫等工作，处于疾病防控的最前沿。提高我国兽医行业从业人员服务能力的措施，必须要根据《动物防疫法》和《国务院关于推进兽医管理体制改革的若干意见》的规定，稳步推进执业兽医制度建设。一是根据我国实际情况，同时结合动物疾病防治、疾病防控的目标，参照发达国家兽医管理体制内容，建立符合我国国情的执业兽医资格标准和考试、认证、考核等制度内容，提高兽医行业从业人员准入门槛，提高执业兽医的综合素质；二是充分考虑基层兽医服务人员大量存在的现状，尽可能通过考试、认证等方式吸收素质较高的从业人员来加入执业兽医的队伍中，保障兽医管理体制改革顺利进行。目前我国已经取得执业兽医师资格和执业助理兽医师资格认证的从

业人员数量，与基层畜牧兽医行业需求量之间还存在较大的差距，那么加快推进执业兽医制度建设，规范兽医从业人员行为，对于防控动物疾病和保障动物产品质量安全具有重要意义。

3. 稳步推进兽药信息服务体系建设，为农户的养殖生产服务

农户在使用兽药过程中，缺乏对违禁兽药种类辨识和使用方法等方面的信息，是导致食品安全风险发生的主要原因，也是增加政府监督和检验等规制成本的原因。因此，针对农户获取兽药使用信息的主要渠道——兽药零售商进行培训、管理和监督显得十分必要。一方面，相关部门通过培训，提高零售商对兽药使用不当可能造成的危害的认知程度；另一方面，通过优化市场环境，加强对兽药零售商的管理和监督，确保农户在兽药选购时能够获取准确和完整的兽药信息，重视对网络兽药零售人员的管理，加大监管和检测力度，对于网络销售假冒伪劣兽药或违禁兽药的行为实行严厉打击。同时，应进一步加强基层兽医部门和农业院校等相关部门的兽药信息服务功能，通过高校教师下乡指导农业生产、印发农业知识宣传手册和广播电视等多种形式，向农户提供时效性强的兽药相关信息，从而克服农户获取兽药信息交易成本过高的障碍。

同时建立生猪产品质量安全追溯体系，提高政府信息化服务水平。通过整合现有依然孤立的追溯措施，包括"索证索票制度"、生猪定点屠宰检疫等制度，与生产经营主体需求、与追溯技术整合。提高追溯效率，完成"索票方式"向"标签方式"的溯源模式转变。借助于质量安全追溯体系，能够在发生"食品安全事故"之后，快速检测问题产品的地理位置和产地来源，即追溯到产品"责任人"起点，使政府处理问题效率大大提高。另外，质量安全可追溯体系能够在生猪市场交易的过程中，有效地促成帕累托改进，进而降低市场信息的不对称性，减少市场主体的交易成本，从根源上解决食品安全问题。

4. 健全市场保障体系,稳步推进生猪产业保险工作

通过推进能繁母猪保险、育肥猪保险和仔猪保险工作,弱化养殖户在面对收入波动中对兽药的过度依赖。养殖户之所以过量使用兽药,一个非常重要的原因就是防范可能发生的市场波动风险,确保所饲养生猪的出栏量和稳定的家庭收入。因此,应该针对养殖户对心理风险进行保障和补偿的特征,开发和继续推进能繁母猪保险、育肥猪保险和仔猪保险工作,在政策补贴的基础上,鼓励农户对所饲养的生猪进行投保。在2007年上市的能繁母猪保险被誉为"中国农业第一险",国家应继续加大财政支出力度对能繁母猪、育肥猪等保险项目进行补贴,同时鼓励开展多种形式的互助合作保险,和多险种的农业政策性保险。例如,生猪价格指数保险就是一种不错的政策性保险,所谓生猪价格指数保险就是指当生猪价格下跌到一定程度时,通过生猪出栏时的价格与市场上出售的主要生猪饲料(玉米)批发价格的比值低于某一设定点时,保险公司就会给予一定比例的赔付,这种保险项目对养殖户稳定家庭收入十分有益。因为,对于养殖户来说,除了考虑到自然风险之外,可能的最大损失主要就体现在市场交易环节,可以说生猪价格指数保险实现了农业保险从"保自然风险"到"保市场风险"的转变。因此,通过保险市场对生猪饲养生产阶段的不可预期风险进行化解,使养殖户在生产、销售上得到保障,有利于农户安心从事生猪生产工作,对于提高劳动生产效率具有一定的意义。

5. 完善生猪产品质量分离机制,通过市场激励规范养殖户生产行为

实现生猪产品质量分离机制,在生猪养殖过程中,依靠市场力量激励农户减少兽药的使用量。通过调查可知,农户并不认同生产质量安全的生猪产品,可以为其带来更高的市场价格溢价,原因就在于生猪产品的质量安全具有公共信任品属性,收购商或企业采购时不能通过肉眼直接辨别兽药的残留情况,以及生猪产品质量安全状况等产品本质信息。而基于我国目前农产品质量安全鉴别机制不健全,鉴别技术受到实验条件的限制,市场上买卖双方存在严重的信息不对称问题,即生猪养殖户减少兽药使用行为也得不到市场的认可,那么农户规范使用兽药行为就缺少内在的激励机制。因而,为了从根本上来规范农户的使用兽药行为,应该完善生猪产品质量安全市场分类机制。例如,引入完善产品质量识别体系等,用以区分农户所提供的不同生猪产品质量和兽药残留情况,并对不同品质的猪肉产品形成有差异的价格收购行为。最终,实现依靠市场力量来激励农户规范兽药使用行为。

二、应对养殖户过量使用兽药行为的政策建议

基于目前生猪养殖户存在过量使用兽药的客观现实,应加强政府监管水平,提高政府监管的效率,同时应加大对政府监管工作的自查力度;继续加大对生猪产业的扶持力度,特别是重大动物疾病的防控投入,强化疫苗采购机制,完善疫苗运输和冷链管理;发挥市场组织模式对农户生产的激励作用,优化利益分配,提高养殖户抵御风险的能力。

1. 加强政府监管水平,建立长效监管机制

政府监管是规范养殖户生产行为的有效手段,如何解决"有限监管力量和无限监管对象"的矛盾是提高政府监管效率的主要问题。可以通过科学的手段,对政府监管执法工作进行改进,将政府被动监管转变为主动监管,改善基层监管部门的硬件设施配置,加快实验室基础条件建设,扩大生猪产品检验检疫工作的领域,更好地履行社会服务管理职能。

(1)继续增强畜产品产前环节监控,严格把控兽药、饲料产品质量,重视对种畜引进的工作。广泛依靠基层兽医管理服务部门,提高对散养畜禽的免疫服务工作,强化传染性动物疾病的控制。增加对动物圈舍卫生的指导和检查力度,做好疾病预防。

（2）指导生猪养殖户规范建立兽药使用台账，详细记录兽药购买和使用情况，做到对所用兽药产品追根溯源。不定期对养殖户所用兽药进行"五查"工作（检查兽药购买记录、检查兽药使用记录、检查兽药是否存在不良反应、检查瘦肉精等违禁兽药、检查兽药是否来源于非法企业和非正规渠道），倡导养殖户合理使用兽药，严格遵守兽药使用对象、使用剂量及使用期限等相关规定，对于使用违禁兽药和假冒伪劣兽药等行为，依法从严从重处罚，确保生产环节用药安全。

（3）按照国家对于产品质量的要求，对生猪产品兽药残留情况进行随机抽检，并报送兽药监察部门检验，根据检验结果，对不安全生猪产品进行清除和溯源追踪。

除此之外，还应重视对政府监管自身的管理工作，建立有效的监管机制和问责制度，对于政府监管过程中行政不作为，不履行监管职责的工作人员，要施以相应处分。可以通过公布举报电话等形式，发挥社会监督力量，对检举违法经营行为、过量使用兽药和使用违禁兽药等行为的公民给予奖励，保护检举人的个人信息。

2. 加强对生猪产业发展的扶持力度，采取一系列措施规范生猪行业

应进一步提高政府规制水平，在宏观政策方面保障生猪生产工作。继续增加对动物疫病防控的投入，特别是对重大动物疫病强制免疫补助，加大省级政府组织对强制免疫疫苗招标采购的透明度，完善疫苗运输和存储的冷链管理，确保农户能够拿到质量安全的免费疫苗。实施生猪良种补贴政策和能繁母猪补贴政策，从而提高生猪养殖科技水平，降低养猪生产成本，改良生猪品种质量。同时，加强生猪养殖过程中的监管力度，对于在养殖过程中的违法违规行为进行严厉的处罚，落实生猪出售前的检验检疫，把好生猪屠宰加工前的关口。

3. 发挥市场组织模式作用，提高养殖户抵御风险的能力

农牧企业和农户通过"契约"合作，以利益共同体的形式进入市场，在生猪养殖过程中，企业充分发挥"降低成本""开拓市场""抵御风险"等功能，与农户共同保障生猪产品质量安全。企业和农户所签订的最优化的契约应包括双方利益分配和风险分担两个组成部分，而具体的契约内容需要根据双方的比较优势和目标偏好等来确定。

（1）在利益分配方面。企业对农户实施农产品保护价收购方式，保障农户获得稳定的市场收益。企业在扣除兽药、仔猪、饲料等生产成本支出的基础上，对所获利益实行动态分配调节。并根据农产品市场行情，对生产资料和畜产品的回收价格做出适当调整，当农产品市场行情高涨时，对农户给予适当的浮动型补贴。

（2）在风险分担方面。基于合作双方特征指定公平的风险共担机制。在农业生产领域，养殖户拥有更多的畜产品生产信息优势，以及对于生产过程的风险控制优势；而企业具有市场、技术风险的控制优势。因此，在契约中应明确规定生产风险划归于养殖户，而市场、技术风险由企业承担。企业为养殖户提供产前的生产资料供应，在生产过程中进行兽药、饲料等生产资料使用方面的技术培训和指导，产后的销售环节实行合理回购的形式。养殖户只需要按照企业的规定进行标准化生产。对于农户而言，可以利用企业在技术和市场网络销售方面的优势，化解市场和技术风险。对于企业而言，将畜禽养殖生产的风险外部化，同时将兽药、饲料等生产资料销售给养殖户，降低产品市场销售风险。

应重视和扶持相关的饲料和兽药企业。发挥其连接农户和市场的纽带作用，在生产过程中，积极引导农户生产适销对路的生猪产品，为农户提供质量有保障的生产资料，增强农户抵御市场风险和自然风险的能力。2013年中央一号文件首次提出"家庭农场",作为一种新型的市场组织模式形态,得到了国家财政补贴、税收优惠、信贷支持等相关政策的支持,有利于养殖户从事规模化、集约化、商品化农业生产。

三、强化养殖户安全使用兽药行为的政策建议

基于目前我国生猪养殖户安全使用兽药行为的现状,当务之急就是通过强化政府部门对兽药行业的监管,保障农户能够购买到质量安全的兽药产品,消除养殖户对兽药产品质量方面的顾虑;同时加快推进农产品标准化生产,通过引入农产品认证措施,规范农户自身的生产行为;通过各种形式的教育培训,提高养殖户科技水平和文化素质;重视养殖能手的模范带头作用,充分发挥"非正式组织"的先进引导作用。

1. 强化政府对兽药行业监管,保障兽药产品质量

为了规范养殖户使用兽药的种类,农业部第1997号令明确规定了《兽用处方药品种目录》,并于2014年3月1日起正式实施,对我国兽药规范化使用具有重大意义。同时,政府部门应加强兽药经营环节的监管,确保兽药市场健康运行,重点关注兽药的进货渠道,兽药企业是否具有兽药经营的资质,对于违禁兽药产品,追溯兽药产品的生产经营单位。加强兽药销售环节的管理工作,强化对违禁兽药、过期兽药的查处力度,对兽药经营机构进行定期检查,特别是对于兴奋剂、促生长类激素和安眠镇静类违禁兽药应重点关注,定期进行假冒兽药的治理以及兽药质量监督抽检,从根本上保障农户能够买到质量安全的兽药产品;根据《兽药管理条例》的规定,禁止零售商销售用基因工程方法和未经农业部批准或已经淘汰的兽药产品。同时,加大对生猪相关产品中兽药残留的监督检查力度,通过媒体和社会舆论来增加违规企业和个人的违法成本。

2. 加快推进农业标准化生产，指导农户合理使用生产资料

加快推进农业标准化生产，指导农户合理使用农业投入品。以农牧企业和农民专业合作社组织作为主要实施载体，有效地促进农业标准化生产。同时，大力发展无公害猪肉、绿色猪肉、有机猪肉的认证制度，从生猪产品的源头抓起，通过引入质量认证的管理理念，将农产品认证作为提高农产品质量安全水平和减少政府规制成本的有效手段。依据《农产品质量安全法》中对农产品认证的相关管理办法，同时结合国际同类标准，以政府推动为主，对农产品认证制度进行补贴。对申请农产品质量认证、加贴认证标识的农户进行直接补贴，鼓励农户参与申报农产品认证，在市场交易过程中使用农产品认证标志，满足消费者的市场需求。农户通过参与产品质量安全的认证，能够对自身的生产行为进行有效控制，减少不合格农产品的生产。

3. 采取各种行之有效的措施，搞好培训工作，提高养殖户使用兽药的本领

从养殖户自身受教育程度来看，目前生猪养殖户中初中、小学文化程度的比例较高，迅速提高农户科技文化素质迫在眉睫。各级政府部门和企业应鼓励农户利用生产空闲时间，多参加生猪养殖方面、兽药使用方面的宣讲和培训。教育培训能够在一定程度上弥补专业性教育的不足。在培训过程中，应根据农户学习的特点和规律，探索构建形式多样化、内容丰富化的培训机制，坚持长短结合，实用实效相结合，充分利用已有的培训资源，最大限度地发挥传播工具的作用，不断提高养殖户使用兽药水平和规范性，全面提升广大养殖户科技素质。

4. 培养、树立农户科学养殖致富的典型

在生猪生产过程中，养殖能手的行为具有非常重要的示范作用。因此，要培养生猪饲养行业中致富的养殖能手，特别是在那些生猪产业发达的地区，通过树立科学饲养、养治结合的养殖能手榜样，有利于调动广大生猪产业农户的生产积极性，增强自信心和自我意识，规范农户使用兽药行为。

第三节　研究不足与展望

一、研究不足

（1）在养殖生猪的过程中，养殖户不规范使用兽药的行为可能有很多表现，除了本书中提到的使用违禁兽药问题、过量使用兽药问题、使用兽药操作规范性的问题，还有其他方面的问题，例如，滥用抗生素、兽药搭配、兽药禁忌、兽药残留物处理等都是农户在使用兽药过程中所面临的问题。由于受个人研究水平和所获数据等条件的限制，不可能全部研究。

（2）在研究养殖户过量使用兽药行为的问题时，以损害控制模型为理论基础构建了含有兽药投入要素的生产函数模型，在此模型中仅以兽药和劳动力人数作为主要投入要素，可能会出现对兽药变量的偏高估计。因此，在后续研究中将重点完善生产投入要素变量，以使所构建的模型更加科学合理。

（3）本书所用数据为辽宁省生猪养殖户入户调查的截面数据，并不是针对全国更多地区或对辽宁省生猪养殖户多年的跟踪调查，因此，可能存在样本代表性问题和数据连续性不好的问题。

二、研究展望

本书探讨了生猪养殖户使用兽药过程中存在的主要问题，顺着这个思路，尚有一些问题值得进一步深入研究。农户使用兽药问题涉及众多学科领域，需要诸多学科的配合向纵深层面推进。养殖户使用兽药既涉及农户使用生产资料的效率问题，同时也涉及农户在生产过程中的行为问题，在中国还会涉及食品安全与兽药残留问题，因此，这一课题不单单在经济学领域，甚至在社会学领域、自然科学领域（畜牧兽医）等学科中也是要重点把握和关注的现实问题，多领域多学科的相关联动对于探寻农户兽药使用行为问题的本质，最终提出有效解决该问题的方案十分重要。

另外，本书是针对辽宁省生猪养殖户兽药使用行为中存在的主要问题所进行的研究，这些问题在其他省份是否也存在？随着时间的推移，辽宁省生猪养殖户在兽药使用过程中，是否会出现新的问题？辽宁省作为粮食主产区之一，农户在使用兽药时是否和非粮食主产区的农户在行为方面存在差异？这些问题都是需要进一步深入研究的重要内容。

附录　生猪养殖户使用兽药行为调查问卷

您好！

我们是来自沈阳农大经济管理学院的学生。本项调查旨在了解生猪养殖户使用兽药行为及其影响因素。本调查为撰写论文，没有任何商业目的，感谢您的支持和合作！

调查对象：_____省_____市（县）_____区（乡、镇）_____村

被调查对象姓名：_____　　　　　联系电话：_____

调查时间：_____年_____月_____日　调查人员：_____

一、养殖户基本情况

1. 性别：_____　1＝男；0＝女。

2. 年龄：_____。

3. 受教育程度：_____　1＝小学及以下；2＝初中或中专；3＝高中；4＝大专；5＝本科及以上。

4. 您从事的主要职业：_____ 1＝种植户；2＝养殖户；3＝村干部；4＝打工者；5＝个体经营者。

5. 家庭成员人数_____人，从事养猪工作_____人。

6. 养殖生猪的年限_____年，2013年生猪出栏_____头，2013年末生猪存栏_____头。

7. 2013年家庭总收入为_____元，其中养猪总收入为_____元，种植业总收入为_____元。

二、养殖户对兽药的关注和认知

1. 您主要是通过哪种途径获取使用兽药方面的信息？（可以多选，按重要性排序）_____①＝电视上的节目；②＝广播中的节目；③＝报纸、杂志广告；④＝朋友或熟人的推荐；⑤＝基层兽医；⑥＝互联网上的信息；⑦＝兽药、兽医零售店；⑧＝厂家技术人员上门指导；⑨＝自己的经验。

2. 您在使用兽药时所考虑的主要依据是什么？_____ ①＝用药处方；②＝技术人员指导；③＝按标签；④＝凭自己经验。

3. 有没有和你所使用疗效相近的兽药品种，可以替代当前所用兽药？_____①＝没有；②＝有较少种类；③＝很多替代药品。

4. 您是否购买了农业政策方面的保险？_____ ①＝购买了；⓪＝没有购买。

5. 对您而言，最有用的兽药信息是来自于外部还是自身经验？_____ ①＝外部信息；⓪＝自身经验。

6. 您觉得已经淘汰的兽药是否可以小剂量使用？_____①＝不可以；②＝偶尔可以；③＝可以经常。

7. 您是否了解禁用兽药的种类？_____ ①＝了解；②＝知道一些；

③ = 不了解。

8. 您是否关注兽药残留等方面的新闻报道或事件？_____ ① = 关注；⓪ = 不关注。

9. 您认为我国兽药质量是否安全？_____ ① = 安全；② = 一般；③ = 不安全。

10. 您是否听说过兽药处方药和非处方药管理办法？_____ ① = 根本不了解；② = 了解一些；③ = 比较了解；④ = 了解；⑤ = 非常了解。

三、养殖户使用兽药状况

1. 你所使用的兽药主要是从什么地方购得？_____ ① = 兽药、饲料零售商；② = 兽医；③ = 兽药、饲料企业上门推售；④ = 其他养殖户；⑤ = 自己配制（原料兽药混制）。

2. 您在使用兽药时是否会考虑兽药安全间隔期？_____ ① = 是；② = 否，当使用兽药时，缩短兽药使用间隔期，可能会治病效果好，您是否赞同？_____ ① = 是；② = 否。

3. 如果您知道某种兽药是禁用兽药，但可能药效比较好，您是否愿意使用？_____ ① = 别人使用，我也使用；② = 继续使用；③ = 不使用。

4. 养殖户所使用兽药情况（农户可以在以下两种形式中任选其一回答，注：选择形式二也需补充录入购买数量、价格等其他信息）：

形式一：请直接填写您使用过的兽药情况。

序号	兽药名称	购买数量	价格	兽药用途	使用次数	每次用量
1						
2						
3						

续表

序号	兽药名称	购买数量	价格	兽药用途	使用次数	每次用量
4						
5						
6						
7						
8						
9						
10						

形式二：请在您养殖过程中，使用过的兽药名称上面打"√"（注：请在上表录入其他方面的信息）。

类别	药物名称
神经系统药物	乙酰胆碱、毛果芸香碱、麻黄碱、地西泮（安定）、硫酸镁、克伦特罗、阿托品、氯丙嗪、安钠咖、樟脑
消化系统药物	人工盐、碳酸钙、氧化镁、新斯的明、大黄、甲氧氯普胺（胃复安）、鱼石脂、黄白痢停、黄连素、痢特灵
生殖系统药物	乙烯雌酚、三合激素、孕酮（黄体酮）、雌二醇、苯丙酸若龙、氯前列烯醇、孕妈血清、绒毛膜促性腺激素、催产素、麦角、催奶灵
皮质激素类药物	氢化可的松、泼尼松（强的松）、地塞米松、肾上腺素、催产素
解热镇痛抗炎药物	非那西汀、扑热息痛、安乃近（诺瓦经）、氨基比林（匹拉米酮）、阿司匹林、安痛定、保泰松（布他酮）、苄达明（炎痛静、消炎灵）、布洛芬（芬必得）
水盐代谢调节和营养药物	维生素C、葡萄糖、维生素A、叶酸、氯化钠、胆碱、氯化钾、氯化钠、硫酸铜、硫酸锌、碘、维生素D、维生素E、维生素B_2、呋塞米（速尿）、甘露醇、维生素B_1

续表

类别	药物名称
抗微生物	阿莫西林、青霉素、丁胺卡那、链霉素、氟哌酸、磺胺对甲氧嘧啶、土霉素、氯霉素、庆大霉素、乙酰甲喹（利菌灵）、甲硝唑、克林霉素、氟苯尼考、呋喃唑酮（痢特灵）、新霉素、喹乙醇、四环素、吗啉胍（病毒灵）、磺胺嘧啶、氨苄西林、阿奇霉素、红霉素、恩诺沙星、环丙沙星、头孢噻呋钠、头孢噻呋、利巴韦林（病毒唑）、泰乐菌素、替米考星、卡那霉素、磺胺间甲氧嘧啶钠、阿米卡星、林可霉素、多西环素、金霉素、多西四环素（强力霉素）、杆菌肽锌、泰妙菌素（支原净）、磺胺二甲氧嘧啶、三甲氧苄胺嘧啶
消毒防腐药	苯酚、甲醛、高锰酸钾、氧化钙、氢氧化钠（苛性钠、烧碱）、季铵盐类、醛类消毒药
抗寄生虫药	双甲脒、敌百虫、伊维菌素、嗅氢菊酯、左旋咪唑、丙硫苯咪唑、阿维菌素、贝尼尔（血虫净）

5. 您在使用兽药过程中，是否严格按说明书的用量进行动物免疫、治疗？_____ ①＝比说明书标准少；②＝按说明书标准；③＝比说明书标准多；④＝比较随意。

6. 您选择当前的兽药供应者，主要是考虑到哪些因素？_____①＝熟人推荐；②＝距离近，购买方便；③＝价格便宜；④＝以前用过，兽药效果好；⑤＝没有替代品。

7. 您在使用兽药后是否对所用兽药情况进行记录？_____ ①＝是；②＝否，若记录用药情况，请在记录项上面打"√"（药物名称、给药途径、用药剂量、疗程、治疗时间、休药期、防治对象、治疗效果）。

8. 您在使用兽药过程中，是否严格遵守休药期规定？_____；①＝从不遵守；②＝一般遵守；③＝遵守；④＝比较严格遵守；⑤＝严格遵守。

四、养殖户安全使用兽药行为

1. 政府加大对兽药方面的宣传和教育工作很有意义_____①不认同；

②有点道理；③比较认同；④认同；⑤非常认同。

2. 生猪方面的补贴政策会影响您的兽药使用行为_____①不认同；②有点道理；③比较认同；④认同；⑤非常认同。

3. 生猪出栏前的检验检疫对您使用兽药行为有影响_____①不认同；②有点道理；③比较认同；④认同；⑤非常认同。

4. 生猪养殖过程中的监管对您使用兽药行为有影响_____①不认同；②有点道理；③比较认同；④认同；⑤非常认同。

5. 企业的技术指导对兽药使用有帮助_____①不认同；②有点道理；③比较认同；④认同；⑤非常认同。

6. 企业提供安全兽药对生产有帮助_____①不认同；②有点道理；③比较认同；④认同；⑤非常认同。

7. 使用质量好的兽药能提高生猪出栏率_____①不认同；②有点道理；③比较认同；④认同；⑤非常认同。

8. 使用质量好的兽药能够保障生猪质量_____①不认同；②有点道理；③比较认同；④认同；⑤非常认同。

9. 使用质量好的兽药，生猪会有更高的出栏价格_____①不认同；②有点道理；③比较认同；④认同；⑤非常认同。

10. "瘦肉精"事件的曝光影响很大_____①不认同；②有点道理；③比较认同；④认同；⑤非常认同。

11. 使用安全兽药能获得更多的收入_____①不认同；②有点道理；③比较认同；④认同；⑤非常认同。

12. 养殖质量安全的猪可以赢得别人的尊重_____①不认同；②有点道理；③比较认同；④认同；⑤非常认同。

13. 在同行中，养质量安全的猪可以获得一定声望_____①不认同；

②有点道理；③比较认同；④认同；⑤非常认同。

14. 周围农户的建议会影响您使用兽药行为_____①不认同；②有点道理；③比较认同；④认同；⑤非常认同。

15. 新闻媒体的宣传对您使用兽药有影响_____①不认同；②有点道理；③比较认同；④认同；⑤非常认同。

16. 同行使用药物情况对您有影响_____①不认同；②有点道理；③比较认同；④认同；⑤非常认同。

17. 您认为养殖的猪很安全_____①不认同；②有点道理；③比较认同；④认同；⑤非常认同。

18. 养质量安全的猪很容易_____①不认同；②有点道理；③比较认同；④认同；⑤非常认同。

19. 用安全兽药可以更好地控制动物疾病_____①不认同；②有点道理；③比较认同；④认同；⑤非常认同。

20. 动物免疫对预防疾病十分重要_____①不认同；②有点道理；③比较认同；④认同；⑤非常认同。

21. 您认为所使用兽药的质量没有问题_____①不认同；②有点道理；③比较认同；④认同；⑤非常认同。

22. 您对兽用处方药情况不了解_____①不认同；②有点道理；③比较认同；④认同；⑤非常认同。

23. 您对所使用兽药不进行用药记录_____①不认同；②有点道理；③比较认同；④认同；⑤非常认同。

24. 您在养殖过程中严格遵循休药期的规定_____①不认同；②有点道理；③比较认同；④认同；⑤非常认同。

五、政府规制

1. 您家养猪过程中享受到哪些政策优惠？_____ ① = 能繁母猪补贴；② = 生猪保险；③ = 扑杀补贴；④ = 规模猪场扶持；⑤ = 良种补贴；⑥ = 没有。

2. 政府对生猪养殖的政策支持补贴金额：

补贴项目	能繁母猪补贴	生猪保险	扑杀补贴	规模猪场扶持	良种补贴
补贴金额（元）					

3. 养殖过程中是否有部门进行监管？_____ ① = 否；② = 是，如果有监管，一年能有_____次，主要检查什么内容？_____

4. 是否有兽医在售前对生猪进行检验检疫？_____ ① = 否；② = 是。

5. 生猪出栏前检验检疫项目：

抽检项目	瘦肉精	重金属	兽药残留	水分	其他
是否抽检					

注："√"是对该项进行了抽检，"×"是没有对该项进行抽检。

6. 是否对政府提供的免费疫苗满意？_____ ① = 不满意；② = 满意。

7. 农户生猪疫苗使用情况：

防疫疫苗	口蹄疫	猪瘟	猪丹毒	猪肺疫	猪蓝耳病	流行性腹泻
是否免费提供疫苗（打钩）						
防疫次数（每批生猪）						
每头猪每次使用剂量						

8. 您认为政府监管兽药质量后，兽药质量如何？_____①＝质量非常差；②＝质量不安全；③＝质量一般；④＝质量安全；⑤＝质量非常安全。

9. 您认为政府不监管兽药质量，兽药质量如何？_____①＝质量非常差；②＝质量不安全；③＝质量一般；④＝质量安全；⑤＝质量非常安全。

10. 政府是否宣传、教育使用兽药过程中，记录兽药情况的重要性？_____①＝是；②＝否。

11. 您听说过哪些与兽药质量安全有关的法律法规？_____①＝兽药管理条例；②＝兽药处方药和非处方药管理办法；③＝兽药残留限量标准；④＝生猪饲养兽药使用准则；⑤＝以上均没有听说过。

12. 您最需要政府在哪方面对您养殖生猪提供支持？_____①＝税收减免；②＝信贷扶持；③＝宣传教育；④＝提供饲养生猪场地；⑤＝提供技术指导。

六、市场因素

1. 您在养殖生猪过程中是否与相关农牧企业合作？_____①＝否；②＝是，如果合作了，合作方式属于什么形式？_____①＝"公司＋农户"模型；②＝"公司＋基地（园区）＋农户"模式；③＝"公司＋专合组织（协会）＋农户"模式。

2. 农牧企业是否统一提供农户所使用的兽药？_____①＝否；②＝是，您对企业所提供兽药质量有什么看法？_____①＝质量非常差；②＝质量不安全；③＝质量一般；④＝质量安全；⑤＝质量非常安全。

3. 您认为企业不提供兽药，兽药质量如何？_____①＝质量非常差；②＝质量不安全；③＝质量一般；④＝质量安全；⑤＝质量非常安全。

4. 对于企业统一提供的兽药，您是否满意？_____①＝非常不满意；

② = 不满意；③ = 一般；④ = 满意；⑤ = 非常满意。

5. 对于企业统一提供的饲料，您是否满意？_____ ① = 非常不满意；② = 不满意；③ = 一般；④ = 满意；⑤ = 非常满意。

6. 企业统一提供的技术服务，您是否满意？_____ ① = 非常不满意；② = 不满意；③ = 一般；④ = 满意；⑤ = 非常满意。

7. 在合作过程中，是否签订销售订单？_____ ① = 否；② = 是，对于企业统一销售生猪产品，您是否满意？_____；① = 非常不满意；② = 不满意；③ = 一般；④ = 满意；⑤ = 非常满意。

8. 您认为在养殖过程中，如果不使用兽药对生猪出栏量有影响吗？_____ ① = 否；② = 是。

9. 您认为在养殖过程中，使用兽药能使生猪在出栏时卖个好价？_____ ① = 否；② = 是。

10. 您是否参加过兽药使用方面的相关培训？_____ ① = 是；② = 否，一年能参加多少次相关的培训？_____

11. 若有兽药使用方面的培训，是谁举办的？_____ ① = 政府；② = 企业；③ = 合作社或协会；④ = 兽药、饲料供应商。

12. 生猪出栏后主要是销往？_____ ① = 收购商；② = 企业订单回收；③ = 市场自由买卖；④ = 合作社；⑤ = 屠宰场。

参考文献

[1] Ahuja V, Umali – Deininger D, De Haan C. Market Structure and She Demand For Veterinary Services in India [J]. Agricultural Economics: The Journal of the International Association of Agricultural Economists, 2003 (1): 27 – 42.

[2] Ajzen I, Fishbein M. Understanding Attitudes and Predicting Social Behavior. Englewood Cliffs [M]. NJ: Prene – Hall Publishing Company, 1980.

[3] Andreu Rico, Tran Minh Phu, Kriengkrai Satapornvanit, Jiang Min, A. M. Shahabuddin, Patrik J. G. Henriksson, Francis J. Murray, David C. Little, Anders Dalsgaard, Paul J. Van den Brink [J]. Use of Veterinary Medicines, Feed Additives and Probiotics in Four Major Internationally Traded Aquaculture Species Farmed in Asia Aquaculture, 2013 (11): 231 – 243.

[4] Bharat Ramaswami. Supply Response to Agricultural Insurance: Risk Reduction and Moral Hazard Effects [J]. American Journal of Agricultural Economics, 1993 (10): 914 – 925.

[5] Binswanger H P, Sillers D A. Risk Aversion and Credit Constraints in Farmers Decision – Making: A Reinterpretation [J]. Journal of Development Stud-

ies, 1983 (1): 5-25.

[6] Cabaret J, Chylinski C, Meradi S, Laignel G. The Trade - off between Farmers' Autonomy and the Control of Parasitic Gastro - intestinal Nematodes of Sheep in Conventional and Organic Farms [J]. Livestock Science, 2015 (123): 35-60.

[7] Clevo Wilson, Clem Tisdell. Why Farmers Continue to Use Pesticides Despite Environmental, Health and Sustainability Costs [J]. Ecological Economics, 2001 (3): 449-462.

[8] Coyne L A, Pinchbeck G L, Williams N G, Smith R, Dawson S, Pearson R B, Latham S M. Understanding Antimicrobial Use and Prescribing Behaviours By Pig Veterinary Surgeons and Farmers: A Qualitative Study [J]. Veterinary Record, 2014 (175): 593.

[9] Dawn M Marvin, Catherine E Dewey, Andrijana Rajic. Knowledge of Zoonoses Among Those Affiliated with the Ontario Swine Industry: A Questionnaire Administered to Selected Producers, Allied Personnel, and Veterinarians [J]. Foodborne Pathogens and Disease, 2010 (2): 159-166.

[10] Dunlop R H, McEwen S A, Meek A H. Individual and Group Antimicrobial Usage Rates on 34 Farrow - To - Finish Swine Farms in Ontario [J]. Preventive Veterinary Medicine, 1998 (4): 247-264.

[11] Friedman D B, Kanwat C P, Headrick M L, Patterson N J, Neely J C, Smith L U. Importance of Prudent Antibiotic Use on Dairy Farms in South Carolina: A Pilot Project on Farmers' Knowledge, Attitudes and Practices [J]. Zoonoses and Public Health, 2007 (9): 366-375.

[12] Garforth C, Bailey A, Tranter R. Farmers' Attitudes to Disease Risk

Management in England: A Comparative Analysis of Sheep and Pig Farmers [J]. Preventive Veterinary Medicine, 2013 (3): 456 – 466.

[13] Goetting V, Lee K A, Tell L A. Pharmacokinetics of Veterinary Drugs in Laying Hens and Residues in Eggs: A Review of the Literature [J]. Journal of Veterinary Pharmacology and Therapeutics, 2011 (6): 521 – 556.

[14] Gollwitzer P M. Implementation Intentions: Strong Effects of Simple Plans [J]. American Psychologist, 1999 (54): 493 – 503.

[15] Goodhue R E, Klonsky K, Mohapatra S. Can an Education Program Be a Substitute for a Regulatory Program That Bans Pesticides Evidence from a Panel Selection Mode [J]. American Journal of Agricultural Economics, 2010 (3): 956 – 971.

[16] Goodwin B K, Monte L, Vandeveer, John L Deal. An Empirical Analysis of Acreage Effects of Participation in the Federal Crop Insurance Program [J]. American Journal of Agricultural Economics, 2004 (86): 1058 – 1077.

[17] Grisley W, Kellog E. Risk – taking Preferences of Farmers in Northern Thailand: Measurements and Implications [J]. Agricultural Economics, 1987 (2): 127 – 141.

[18] Headley J C. Estimating the Productivity of Agricultural Pesticides [J]. American Journal of Agricultural Economics, 1968 (1): 13 – 23.

[19] Hoiberg E, Hufman W E. Profile of Iowa Farm and Farm Families: Iowa Agricultural and Home Economics Experiment Station and Cooperative Extension Service Bulletin [Z], 1978.

[20] Horowitz J K, Lichtenberg E. Insurance, Moral Hazard, and Chemical Use in Agriculture [J]. American Journal of Agricultural Economics, 1993 (75):

926 -935.

[21] Houston R, Chhetry D. Nepal. Analysis of Baseline Survey Data on Japanese Encephalitis Kala - Azar and Malaria [J]. Japan: Environmental Health Project, 2003 (2): 94.

[22] Iones P I, Marierf E A, Tranter R B, Wuf G. Factors Affecting Dairy Farmers' Attitudes Towards Antimicrobial Medicine Usage in Cattle in England and Wales [J]. Preventive Veterinary Medicine, 2015 (121): 30 -40.

[23] Irungu P, Omiti J M, Mugunieri L G. Determinants of Farmers' Preference for Alternative Animal Health Service Providers in Kenya: A Proportional Hazard Application, Agricultural Economics [J]. The Journal of the International Association of Agricultural Economists, 2006 (1): 11 -17.

[24] Ison S H, Rutherford K M D. Attitudes of Farmers and Veterinarians Towards Pain and the Use of Pain Relief in Pigs [J]. The Veterinary Journal, 2014 (202): 622 -627.

[25] Jamnick S F, Klindt T H. An Analysis of No - tillage Practice Decisions Department of Agricultural and Home Economics [J]. Experiment Station and Cooperative Extension Service Bulletin, 1986.

[26] Jayasinghe, Henson, Spencerr. Economic Incentives for Firms to Implement Enhanced Food Safety Controls Case of the Canadian Red Meat and Poultry Processing Sector [J]. Review of Agricultural Economics, 2006 (4): 494 -514.

[27] Lamichhane, Dirga Kumar, Shrestha, Sabina. Determinants of Farmers' Choice for Veterinary Service Providers in Nepal Mountains [J]. Tropical Animal Health and Production, 2006 (4): 1163 -1168.

[28] Lipton M. The Theory of the Optimizing Peasant. Journal of Development

Studies, 1968 (3): 327 – 350.

[29] Loomans J B A, Kranenburg L C, van Weeren P R, Barneveld A. The Use of Veterinary Medicinal Products in Equine Practices in The Netherlands: Balancing between the Law and G Veterinary Practice [J]. Equine Veterinary Education, 2010 (6): 320 – 328.

[30] Lusk J L, Norwood F B, Pruitt J R. Consumer Demand for a Ban on Antibiotic Drug Use in Pork Production [J]. American Journal of Agricultural Economics, 2006 (4): 1015 – 1033.

[31] Mann Paulsen T A. Economic Impact of Restricting Feed Additives in Livestock and Poultry Production [J]. American Journal of Agricultural Economics, 1976 (1): 47 – 53.

[32] Miguel A, Moreno. Opinions of Spanish Pig Producers on the Role, the Level and the Risk to Public Health of Antimicrobial Use in Pigs [J]. Research in Veterinary Science, 2014 (97): 26 – 31.

[33] Noreen Machila, Eric M. Fe'vre, Ian Maudlin, Mark C. Eisler. Farmer Estimation of Live Bodyweight of Cattle: Implications for Veterinary Drug Dosing in East Africa [J]. Preventive Veterinary Medicine, 2008 (87): 394 – 403.

[34] Ogurtsov V, Asseldonk M, Huirne R. Purchase of Catastrophe Insurance by Dutch Dairy and Arable Farmers [J]. Review of Agricultural Economics, 2009 (31): 143 – 162.

[35] Pablo Alarcon, Barbara Wieland, Anal P. Mateus. Pig Farmers Perceptions, Attitudes, Influences and Management of Information in the Decision – making Process for Disease Control [J]. Preventive Veterinary Medicine, 2014 (116): 223 – 242.

[36] Parikh A, Bernard A. Impact of Risk on HYV Adoption in Bangladesh [J]. Agricultural Economics, 1988 (2): 167-177.

[37] Paul D Mitchell, Terrance M Hurley. Adverse Selection, Moral Hazard, and Grower Compliance with Corn Refuge [J]. Agricultural & Applied Economics, 2004 (10): 1-19.

[38] Petersen B, Knura-Deszczka S, Gymnich S. Computerized Food Safety Monitoring in Animal Production [J]. Livestock Production Science, 2002 (3): 207-213.

[39] Rhodes R E, Courneya K S. Investigating Multiple Components of Attitude, Subjective Norm, and Perceived Behavioral Ccontrol: An Examination of the Theory of Planned Behavior in the Exercise Domain [J]. British Journal of Social Psychology, 2003 (42): 129-145.

[40] Rutter D, Quine L. Changing Health Behavior. Open University Press [J]. Buckingham, 2002 (5): 15-25.

[41] Sen A, Chander M. Privatization of Veterinary Services in Developing Countries: A Review [J]. Tropical Animal Health and Production, 2003 (3): 223-236.

[42] Silvia Pilco Quesada, Jonas Augusto Rizzato Paschoal, Felix Guillermo Reyes Reyes. Considerations on the Aquaculture Development and on the Use of Veterinary Drugs: Special Issue for Fluoroquinolones-A Review [J]. Journal of Food Science, 2013 (9): 1321-1333.

[43] Speksnijder D, Mevius D, Bruschke C, Wagenaar J. Reduction of Veterinary Antimicrobial Use in the Netherlands [J]. The Dutch Success Model, Zoonoses Public Health, 2015 (62): 79-87.

[44] Suriyasathaporn W, Chupia V, Sing – Lah T, et al. Increases of Antibiotic Resistance in Excessive Use of Antibiotics in Small holder Dairy Farms in Northern Thailand, Asian – Australasian [J]. Journal of Animal Science, 2012 (9): 1322 – 1328.

[45] Terence J Centner. Regulating Concentrated Animal Feeding Operations to Enhance the Environment [J]. Environmental Science Policy, 2003 (5): 433 – 440.

[46] Tomislav Vukina. The Relationship between Contracting and Livestock Waste Pollution [J]. Review of Agricultural Economics, 2005 (1): 66 – 88.

[47] Valeeva N I, van Asseldonk M A P M, Backus G B C. Perceived Risk and Strategy Efficacy as Motivators of Risk Management Strategy Adoption to Prevent Animal Diseases in Pig Farming [J]. Preventive Veterinary Medicine, 2011 (4): 284 – 295.

[48] Visscher V H M, Backhans A. Perceptions of Antimicrobial Usage, Antimicrobial Resistance and Policy Measures to Reduce Antimicrobial Usage in Convenient Samples of Belgian, French, German, Swedish and Swiss Pig Farmers [J]. Preventive Veterinary Medicine, 2015 (119): 10 – 20.

[49] Vivianne H M Visschers, Denise M. Iten, Annette Rilklin. Swiss Pig Farmers' Perception and Usage of Antibiotics During the Fattening Period [J]. Livestock Science, 2014 (162): 223 – 232.

[50] Young S Hendrick, Parker S, McClure J. Sanchez, McEwen. Knowledge and Attitudes Towards Food Safety Among Canadian Dairy Producers [J]. Preventive Veterinary Medicine, 2009 (1): 65 – 76.

[51] [俄] A. 恰亚诺夫. 农民的经济组织 [M]. 北京：中央编译出版

社，1996.

[52][美]肯尼思·阿罗. 信息经济学[M]. 何宝玉，姜忠孝，刘永强译. 北京：北京经济学院出版社，1989.

[53][美]西奥多·W. 舒尔茨. 改造传统农业[M]. 梁小民译. 北京：商务印书馆，2006.

[54]蔡键. 风险偏好、外部信息失效与农药暴露行为[J]. 中国人口·资源与环境，2014（9）：135-139.

[55]蔡荣，蔡书凯. 公司+农户模式：风险转移制度与农户契约选择[J]. 南京农业大学学报（社会科学版），2013（2）：19-24.

[56]陈帅. 吉林省农户生猪安全生产行为研究[D]. 吉林农业大学，2013.

[57]陈一资，湖滨. 动物性食品中兽药残留的危害及其原因分析[J]. 食品与生物技术学报，2009（2）：162-166.

[58]陈奕春，陈银伟. 兽药使用环节存在的问题及对策[J]. 中国兽药杂志，2005（10）：47.

[59]陈雨生，房瑞景. 海水养殖户渔药施用行为影响因素的实证分析[J]. 中国农村经济，2011（8）：72-79.

[60]程琳，郑军. 菜农质量安全行为实施意愿及其影响因素分析——基于计划行为理论和山东省497份农户调查数据[J]. 湖南农业大学学报（社会科学版），2014（8）：13-20.

[61]仇焕广等. 风险规避对农户化肥过量施用行为的影响[J]. 中国农村经济，2014（3）：85-94.

[62]丁建英. 动物性食品中兽药残留对人体健康的影响[J]. 中国畜牧杂志，2006（12）：4-6.

[63] 杜斌, 康积萍, 李松柏. 农户安全生产意愿影响因素分析 [J]. 西北农林科技大学学报（社会科学版）, 2014 (5): 71-74.

[64] 段文婷, 江光荣. 计划行为理论述评 [J]. 心理科学进展, 2008 (2): 315-320.

[65] 冯学慧等. 浅析动物产品兽药残留的危害与对策 [J]. 动物医学进展, 2010 (31): 250-254.

[66] 冯忠武. 加快兽药分类管理, 确保兽药使用安全 [J]. 中国兽药杂志, 2007 (11): 1-3.

[67] 冯忠武. 兽药与动物性食品安全 [J]. 中国兽药杂志, 2004 (9): 1-5.

[68] [英] 弗兰克·艾利思. 农民经济学: 农民家庭农业和农业发展 [M]. 胡景北译. 上海: 上海人民出版社, 2006.

[69] 傅晨, 狄瑞珍. 贫困农户行为研究 [J]. 中国农村观察, 2000 (2): 39-42.

[70] 高小玲. 产业组织模式与食品质量安全——基于水产品的多案例解读 [J]. 软科学, 2014 (11): 45-49.

[71] 关恒达, 吕建兴, 邹俊. 安全技术培训、用药行为习惯与农户安全意识——基于湖北8个县市1740份调查问卷的实证研究 [J]. 农业技术经济, 2012 (8): 81-85.

[72] 何大安. 选择行为的理性与非理性融合 [M]. 上海: 上海人民出版社, 2006.

[73] 和丽芬, 赵建欣. 政府规制对安全农产品生产影响的实证分析——以蔬菜种植户为例 [J]. 农业技术经济, 2010 (7): 91-97.

[74] 贺家亮等. 动物性食品中兽药残留现状及对策 [J]. 食品研究与开

发，2006（6）：176-178.

[75] 侯博，侯晶．王志威．计划行为理论视角下农户低碳生产行为研究[J]．安徽农业大学学报（社会科学版），2015（1）：25-30.

[76] 侯博，应瑞瑶．分散农户低碳生产行为决策研究——基于 TPB 和 SEM 的实证分析[J]．农业技术经济，2015（2）：4-12.

[77] 胡定寰，陈志钢．孙庆珍．合同经营模式对农户收入和食品安全的影响——以山东省苹果产业为例[J]．中国农村经济，2006（11）：17-24.

[78] 胡浩，张晖，黄士新．规模养殖户健康养殖行为研究[J]．农业经济问题，2009（8）：25-31.

[79] 黄季焜，齐亮，陈瑞剑．技术信息知识、风险偏好与农民施用农药[J]．管理世界，2008（5）：71-75.

[80] 黄杰河．生猪饲养过程中兽药使用现状的调查[J]．黑龙江畜牧兽医，2010（9）：117-119.

[81] 黄泽颖，王济民，孙振．家禽不同日龄采取不同防疫措施的研究——以6省331个肉鸡养殖户为例[J]．农林经济管理学报，2016（1）：39-46.

[82] 江激宇，柯木飞，张士云．农户蔬菜质量安全控制意愿的影响因素分析[J]．农业技术经济，2012（5）：35-42.

[83] 金建强．基层兽医从业人员存在的问题及对策[J]．现代农业科技，2013（2）：329-330.

[84] 孔祥智，张利痒，钟真等．中国奶业经济组织模式研究[M]．北京：中国农业科技出版社，2010.

[85] 李秉龙，薛兴利．农业经济学[M]．北京：中国农业大学出版

社,2009.

[86] 李达华.兽用处方药凭兽医处方销售存在的问题及对策[J].现代农业科技,2014(10):351-352.

[87] 李红,孙细望.湖北省分散小规模养殖户安全养殖行为及规范的调查分析[J].江苏农业学报,2013(6):1484-1488.

[88] 李红梅,傅新红,吴秀敏.农户安全施用农药的意愿及其影响因素研究[J].农业技术经济,2007(5):99-104.

[89] 李世杰等.农户认知、农药补贴与农户安全农产品生产用药意愿——基于对海南省冬季瓜菜种植农户的问卷调查[J].中国农村观察,2013(5):55-65.

[90] 李响等.安全农产品供给意愿的影响因素分析[J].农村经济,2007(8):18-21.

[91] 李燕凌,车卉.突发性动物疫情中政府强制免疫的绩效评价——基于1167个农户样本的分析[J].中国农村经济,2013(12):51-59.

[92] 李银生,曹振灵.兽药残留的现状与危害[J].中国兽药杂志,2002(1):29-32.

[93] 林光华,汪斯洁.家禽保险对养殖户疫病防控要素投入的影响研究[J].农业技术经济,2013(12):94-101.

[94] 林新仁等.谈我国现阶段猪肉中的兽药残留现状[J].猪业科学,2012(9):36-39.

[95] 林毅夫.小农与经济理性[J].农村经济与社会,1988(3):21-29.

[96] 刘焕明,浦徐进,蒋力.食品安全的政府规制——基于企业和消费者微观行为的角度[J].当代经济研究,2011(11):84-88.

[97] 刘军, 富萍萍. 结构方程模型应用陷阱分析 [J]. 数理统计与管理, 2007 (2): 268-271.

[98] 刘军弟, 王凯, 季晨. 养猪户防疫意愿及其影响因素分析——基于江苏省的调查数据 [J]. 农业技术经济, 2009 (4): 74-80.

[99] 刘万利, 齐永家, 吴秀敏. 养猪农户采用安全兽药行为的意愿分析——以四川为例 [J]. 农业技术经济, 2007 (1): 80-87.

[100] 刘雪芬, 杨志海, 王雅鹏. 畜禽养殖户生态认知及行为决策研究 [J]. 中国人口·资源与环境, 2013 (10): 169-175.

[101] 龙方, 任木荣. 农业产业化产业组织模式及其形成的动力机制分析 [J]. 农业经济问题, 2007 (4): 34-38.

[102] 卢昆, 马九杰. 农户参与订单农业的行为选择与决定因素实证研究 [J]. 农业技术经济, 2010 (9): 10-17.

[103] 罗必良. 农业产业组织: 一个解释模型及其实证分析 [J]. 制度经济学研究, 2005 (1): 59-68.

[104] 马述忠, 黄祖辉. 农户、政府及转基因农产品——对我国农民转基因作物种植意向的分析 [J]. 中国农村经济, 2003 (4): 34-40.

[105] 米建伟, 黄季焜, 陈瑞剑, Elaine M. Li. 风险规避与中国棉农的农药施用行为 [J]. 中国农村经济, 2012 (7): 60-71.

[106] 彭文平. 农民经济学——发展经济学的新发展 [J]. 外国经济与管理, 2002 (2): 2-6.

[107] 浦华, 白裕兵. 养殖户违规用药行为影响因素研究 [J]. 农业技术经济, 2014 (3): 40-48.

[108] 曲振涛, 杨恺钧. 规制经济学 [M]. 上海: 复旦大学出版社, 2006.

[109] 宋圭武. 农户生产经营风险研究 [J]. 甘肃理论学刊, 1999 (6): 45–48.

[110] 孙世民, 李娟, 张建如. 优质猪肉供应链中养猪场户的质量安全认知与行为分析——基于9省份653家养猪场户的问卷调查 [J]. 农业经济问题, 2011 (3): 76–81.

[111] 孙世民, 张媛媛, 张键如. 基于Logit–ISM模型的养猪场（户）良好质量安全行为实施意愿影响因素的实证分析 [J]. 中国农村经济, 2012 (10): 24–36.

[112] 汤颖梅, 潘宏志, 王怀明. 江苏、四川两省农户生猪生产决策行为研究 [J]. 农业技术经济, 2013 (8): 32–39.

[113] 童霞等. 影响农药施用行为的农户特征研究 [J]. 农业技术经济, 2011 (11): 71–81.

[114] 万俊毅, 彭斯曼, 陈灿. 农业龙头企业与农户的关系治理: 交易成本视角 [J]. 农村经济, 2009 (4): 25–28.

[115] 万俊毅. 准纵向一体化、关系治理与合约履行——以农业产业化经营的温氏模式为例 [J]. 管理世界, 2008 (12): 93–101.

[116] 汪爱娥, 包玉泽. 农业产业组织与绩效综述 [J]. 华中农业大学学报（社会科学版）, 2014 (4): 70–73.

[117] 汪三贵, 刘晓展. 信息不完备条件下贫困农民接受新技术行为分析 [J]. 农业经济问题, 1996 (12): 31–36.

[118] 王常伟, 顾海英. 市场VS政府, 什么力量影响了我国菜农农药用量的选择? [J]. 管理世界, 2013 (11): 50–65.

[119] 王芳, 王可山, 钱永忠. 食品安全政府规制理论分析 [J]. 食品研究与开发, 2008 (12): 139–140.

[120] 王海利, 贾萌, 胡军. 生猪宰前检疫与管理是提高肉品质量的关键 [J]. 中国猪业, 2010 (2): 65-66.

[121] 王海涛, 王凯. 养猪户安全生产决策行为影响因素分析——基于多群组结构方程模型的实证研究 [J]. 中国农村经济, 2012 (11): 21-30.

[122] 王建华, 刘茁, 李俏. 农产品安全风险治理中政府行为选择及其路径优化——以农产品生产过程中的农药施用为例 [J]. 中国农村经济, 2015 (11): 54-62.

[123] 王建华等. 农产品安全生产: 农户农药施用知识与技能培训 [J]. 中国人口·资源与环境, 2014 (4): 54-62.

[124] 王建华等. 农户农药残留认知及其行为意愿影响因素研究——基于全国五省986个农户的调查数据 [J]. 软科学, 2014 (9): 134-137.

[125] 王太祥, 王琼瑶. 蛋鸡养殖户饲料使用行为研究——以江苏省东台市为例 [J]. 科技管理研究, 2011 (9): 133-136.

[126] 王秀清, 孙云峰. 我国食品市场上的质量信号问题 [J]. 中国农村经济, 2002 (5): 27-32.

[127] 王永强, 朱玉春. 启发式偏向、认知与农民不安全农药购买决策——以苹果种植户为例 [J]. 农业技术经济, 2012 (7): 48-54.

[128] 王瑜, 应瑞瑶. 养猪户的药物添加剂使用行为及其影响因素分析 [J]. 南京农业大学学报(社会科学版), 2008 (2): 48-54.

[129] 王瑜. 养猪户的药物添加剂使用行为及其影响因素分析——基于江苏省542户农户的调查数据 [J]. 农业技术经济, 2009 (5): 46-54.

[130] 王志刚, 李腾飞. 蔬菜出口产地农户对食品安全规制的认知及其农药决策行为研究 [J]. 中国人口·资源与环境, 2012 (2): 164-168.

[131] 卫龙宝, 卢光明. 农业专业合作组织对农产品质量控制的作用分

析[J]. 中国农村经济, 2004 (2): 56-70.

[132] 邬小撑等. 养猪户使用兽药及抗生素行为研究——基于964个生猪养殖户微观生产行为的问卷调查[J]. 中国畜牧杂志, 2013 (14): 19-23.

[133] 吴敬学, 杨巍, 张扬. 中国农户的技术需求行为分析与政策建议[J]. 农业现代化研究, 2008 (7): 421-425.

[134] 吴林海, 谢旭燕, 王晓莉. 生猪养殖户的兽药使用行为与政府监管策略研究——基于江苏省阜宁县的案例[J]. 中国农学通报, 2015 (23): 12-18.

[135] 吴林海, 谢旭燕. 生猪养殖户认知特征与兽药使用行为的相关性研究[J]. 中国人口·资源与环境, 2015 (2): 160-166.

[136] 吴林海, 谢旭燕. 生猪养殖户兽药使用行为的主要影响因素研究——以阜宁县为案例[J]. 农业现代化研究, 2015 (4): 631-634.

[137] 吴秀敏. 养猪户采用安全兽药的意愿及其影响因素——基于四川省养猪户的实证分析[J]. 中国农村经济, 2007 (9): 17-24.

[138] 吴学兵, 乔娟. 养殖场（户）生猪质量安全控制行为分析[J]. 华南农业大学学报（社会科学版）, 2014 (1): 20-27.

[139] 吴彦虎等. 宁夏规模养殖场（园区）兽药使用管理现状调研及规范化管理探讨[J]. 中国兽药杂志, 2014 (4): 62-65.

[140] 项朝阳, 孙慧. 基于计划行为理论的农户安全蔬菜种植意愿研究[J]. 广东农业科学, 2014 (18): 176-180.

[141] 项林如. 基层兽药使用存在的主要问题及原因分析[J]. 浙江畜牧兽医, 2008 (2): 32-33.

[142] 辛翔飞, 王济民. 产业化对肉鸡养殖户收入影响的实证分析[J]. 农业技术经济, 2013 (2): 4-9.

[143] 徐福亮. 畜禽养殖场（户）为什么不能直接使用兽药原粉 [J]. 中国畜牧杂志, 2008 (16): 20-21.

[144] 闫振宇, 陶建平, 徐家鹏, 李新建. 农户对养殖保险认知及购买的影响因素研究 [J]. 华中农业大学学报（社会科学版）, 2011 (6): 45-49.

[145] 杨桂元, 李天胜. 数学建模入门——125个有趣的经济管理问题 [M]. 合肥: 中国科技大学出版社, 2013.

[146] 叶明华, 汪荣明, 吴苹. 风险认知、保险意识与农户的风险承担能力——基于苏、皖、川3省1554户农户的问卷调查 [J]. 中国农村观察, 2014 (6): 37-47.

[147] 应瑞瑶, 朱勇. 农业技术培训方式对农户农业化学投入品使用行为的影响——源自实验经济学的证据 [J]. 中国农村观察, 2015 (1): 50-58.

[148] 于桂阳, 郑春芳. 湖南永州地区蛋鸡饲养中兽药使用现状的调查 [J]. 家禽科学, 2014 (8): 43-35.

[149] 袁超等. 黑龙江省动植物性食品农兽药使用情况调查 [J]. 中国公共卫生, 2009 (5): 614-615.

[150] 张光辉等. 加强兽药使用环节监管保障动物源性食品安全 [J]. 中国食品卫生杂志, 2010 (4): 364-366.

[151] 张桂新, 张淑霞. 动物疫情风险下养殖户防控行为影响因素分析 [J]. 农村经济, 2013 (2): 105-108.

[152] 张晖, 虞祎, 胡浩. 基于农户视角的畜牧业污染处理意愿研究——基于长三角生猪养殖户的调查 [J]. 农村经济, 2011 (10): 92-94.

[153] 张辉, 白长虹, 李储凤. 消费者网络购物意向分析——理性行为

理论与计划行为理论的比较［J］．软科学，2011（9）：130－135．

［154］张慧等．山东地区中小型猪场兽药使用情况调查与分析［J］．中国农学通报，2013（17）：25－31．

［155］张娟娟，张宏杰．农业标准化生产中的农户行为分析［J］．安徽农业大学学报（社会科学版），2010（3）：6．

［156］张雅燕，付莲莲．生猪养殖户质量安全生产行为测评及影响因素研究［J］．农林经济管理学报，2016（1）：47－55．

［157］张耀钢，李功奎．农户生产行为对农产品质量安全的影响分析［J］．生产力研究，2004（6）：34－35．

［158］张园园，彭玉珊．中国猪肉质量安全政府规制的作用机制研究［J］．世界农业，2015（6）：12－16．

［159］张跃华，戴鸿浩，吴敏谨．基于生猪养殖户生物安全的风险管理研究——以浙江省德清县471个农户问卷调查为例［J］．中国畜牧杂志，2010（12）：32－34．

［160］张跃华，邬小撑．食品安全及其管制与养猪户微观行为［J］．中国农村经济，2012（7）：72－82．

［161］张云华，马九杰，孔祥智等．农户采用无公害和绿色农药行为的影响因素分析——对山西、陕西和山东15县（市）的实证分析［J］．中国农村经济，2004（1）：41－49．

［162］赵建欣，张晓凤．交易方式对安全农产品供给影响的实证分析——基于河北定州和浙江临海菜农的调查［J］．乡镇经济，2008（3）：25－27．

［163］赵建欣，张忠根．农户安全蔬菜供给决策机制实证分析——基于河北省定州市、山东省寿光市和浙江省临海市菜农的调查［J］．农业技术经

济, 2009 (5): 31-37.

[164] 郑风田. 制度变迁与中国农民经济行为 [M]. 北京: 中国农业出版社, 2000.

[165] 郑建明, 张相国, 黄滕. 水产养殖质量安全政府规制对养殖户经济效益影响的实证分析——基于上海的案例 [J]. 上海经济研究, 2011 (3): 92-99.

[166] 钟甫宁, 宁满秀, 邢鹂等. 农业保险与农用化学品施用关系研究——对新疆玛纳斯河流域农户的经验分析 [J]. 经济学 (季刊), 2006 (6): 291-308.

[167] 钟杨, 孟元亨, 薛建宏. 生猪散养户采用绿色饲料添加剂的影响因素分析——以四川省苍溪县为例 [J]. 农村经济, 2013 (3): 36-40.

[168] 钟杨, 薛建宏. 农户参与生猪保险行为及其影响因素的实证分析——以四川省广元市为例 [J]. 中国畜牧杂志, 2014 (6): 19-23.

[169] 钟真, 孔祥智. 产业组织模式对农产品质量安全的影响: 自来奶业的例证 [J]. 管理世界, 2012 (1): 79-91.

[170] 周德翼, 杨海娟. 食品质量安全管理中的信息不对称与政府监管机制 [J]. 中国农村经济, 2002 (6): 29-35.

[171] 周峰, 徐翔. 无公害蔬菜生产者农药使用行为研究 [J]. 经济问题, 2008 (1): 94-96.

[172] 周峰, 徐翔. 政府规制下无公害农产品生产者的道德风险行为分析——基于江苏省农户的调查 [J]. 南京农业大学学报 (社会科学版), 2007 (4): 25-30.

[173] 周洁红. 农户蔬菜质量安全控制行为及其影响因素分析——基于浙江省 396 户菜农的实证分析 [J]. 中国农村经济, 2006 (11): 25-33.

[174] 周利平等. 计划行为理论视角下农户参与用水协会意愿影响因素研究——基于结构方程模型的实证分析 [J]. 广东农业科学, 2014 (6): 231-235.

[175] 周曙东, 张宗义. 农户农药施药效率测算、影响因素及其与农药生产率关系研究 [J]. 中国农村经济, 2013 (3): 4-13.

[176] 朱宁, 秦富. 突发性疫情、家禽产品价格与养殖户生产行为——以蛋鸡为例 [J]. 科技与经济, 2015 (3): 45-49.

[177] 朱宁, 秦富. 畜禽养殖户兽药超标使用行为及其影响因素分析——以蛋鸡为例 [J]. 中国农学通报, 2015 (23): 7-11.

[178] 朱启荣. 养鸡专业户使用鸡药行为影响因素实证分析 [J]. 湖南社会科学, 2008 (6): 120-123.